리차드 마이어

백색의 건축가

.

차례
Contents

왜 백색의 건축가인가?

미국의 현대건축가 리차드 마이어(Richard Meier, 1934~)는 로버트 벤츄리(Robert Venturi), 케빈 로쉬(Kevin Roche), 프랭크 게리(Frank O. Gehry)와 더불어 미국을 대표하는 제3세대 건축가 중의 한 사람이다.

그는 1960년대 뉴욕의 진보적인 건축가 그룹 '뉴욕 파이브(New York 5)'[1] 멤버 중의 한 사람으로 본격적인 활동을 시작하면서 미국 내 인지도를 높여갔고, 1980년대부터 세계적으로 신망을 받는 건축가로 자리매김하게 된다. 이는 그가 일관성 있는 작품 활동을 하면서, 자신의 스타일(백색건축)을 지속적으로 발전시켜 왔고, 자신만의 순수한 건축 이론과 이 시대의 건축 문화를 접목시키고자 꾸준히 노력한 결과라고 볼 수 있다. 또

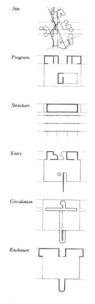

Site

Program

Structure

Entry

Circulation

Enclosure

그의 모든 작품은 디자인 논리를
다이어그램으로 나타낼 수 있다.

한 그는 모든 작품의 디자인 체계를 논리적으로 전개하는 건축가로도 유명하다. 특히 프랑크푸르트의 「장식미술관(Museum of Decorative Arts)」이나 아틀란타의 「하이뮤지엄(High Museum of Art)」과 같은 세계적인 프로젝트 지명 설계 경기 공모에 당선되어 21세기 건축을 이끌어 가는 세계적인 건축가로 그 명성을 더해 가고 있다.

그는 매 작품마다 ①자연과의 관계를 생각하는 자연축과 주변 조건으로부터의 대지축을 찾아 배치 계획에 반영, ②정확한 프로그램을 통한 공간 구성, ③합리적인 건축 구조 체계, ④인지도를 높인 위치에 입구 설정 등 시각, 지각적 원리를 이용한 디자인 적용, ⑤체계적인 수직 동선의 위치 설정, ⑥공간을 에워싸는 윤곽 등을 통해 논리적 디자인을 표현하였다. 이러한 논리 전개 방식은 모든 작품마다 다이어그램을 이용하여 검증이 가능하다.

마이어의 작품집 서문을 쓴 조셉 리크웰트(Joseph Rykwert)는 그의 특성을 다음과 같이 표현하고 있다. "리차드 마이어는 동시대 작가들과의 공감대를 형성하면서도, 일관성 있게 그의 작품 특성을 유지하고자 노력하였다고 본다. 왜냐하면 그

백색건축의 절정을
이룬 「하이뮤지엄」.

의 비판자나 옹호자들마저도 르 꼬르뷔제(Le Corbusier, 1887~
1965)의 연장선에서만 마이어를 이해하려는 경향이 있었기 때
문이다. 그러나 그 자신은 이 같은 논의를 별로 달갑게 생각하
지 않았으며, 그의 스타일은 누구의 것을 계승한 것이기 보다는
오히려 그 자신의 것임을 주장해 왔다. 신중한 성격의 마이어는
정신적 혼란에 시달리면서도, '백색건축(white architecture)'에 빠
져 들었고, 이를 대처할 대안(代案)의 존재를 인정하지 않는다."

　마이어는 '백색'을 좋아한다. 백색에 관한 철학은 그의 작
품집이나 연설문을 통하여 자주 언급되고 있다. "백색은 모든
자연색 내에 존재하는 가장 기본적인 색채로 백색표면을 이용
하면 딱딱한 벽과 부드러운 개구부(開口部)[2] 그리고 빛과 그
림자의 연출이 가능하다. 백색은 전통적으로 완벽함과 순수
함 그리고 명료함의 상징이며, 가장 인상적인 색채이므로 나
의 작업에서 가장 개성적인 특성을 내포한다." 그리고 "백색
을 이용하면 시각적인 형태의 힘이 강화되고 건축개념이 명

백해진다. 또한 백색은 추상적 공간이나 스케일 그리고 자연과의 조합과 관련하여 공간을 정의하고 질서화할 수 있도록 해 준다.”

또한 “백색은 가장 아름다운 색이며, 항상 빛에 의해 전달되고 변화되며, 하늘과 구름과 태양 그리고 달이 그러하듯 백색은 항상 순결의 상징이며, 다른 색들은 그들의 배경에 의존한 상대적 가치를 지니고 있으나 백색은 절대성을 보유하고 있다는 점에서 나는 백색을 좋아한다.”

따라서 그는 규격화된 백색 재료로 일관성 있게 백색건축을 만들었으며, 그것은 독특한 그의 건축기호가 되었다. 그의 백색건축은 낮에는 밝게 빛나고 밤에는 은빛을 내면서 항상 변화하는 힘을 가지며, 이로 인해 끊임없이 살아 움직이는 상징물이 되었다.

백색건축의 찬미자인 마이어의 주요작품은 크게 1960년대 주거건축과 1970년대 공공건축, 그리고 1980년대 이후 뮤지엄 건축으로 구분된다.

1960년대 대표적인 주거건축으로는 「스미스 하우스(Smith House)」, 「더그라스 하우스(Douglas House)」등 많은 백색주택을 들 수 있다. 이로 인해 그는 쉽게 세상에 알려질 수가 있었고, 1970년대에는 브롱스에 있는 「재활센터(Bronx Developmental Center)」를 비롯한 공공 건축 작품, 그리고 1980년대 이후 프랑크푸르트의 「장식미술관(Museum for Decorative Arts)」을 비롯한 뮤지엄 건축들을 통하여 신임 있는 세계적인 건축가로 인정받게 된다.

　오랫동안 일관성 있게 유지해왔던 백색건축 시대를 결산하고 방향 전환을 시도하겠다던 로스앤젤레스 근교의 「게티센터(Getty Center)」 프로젝트도 결국은 그 동안의 백색건축에서 크게 벗어나지 못하였다. 그러나 이 건물에서 그의 백색건축은 절정을 이루었고, 그는 백색건축의 찬미자로 인정된다.

　그가 백색건축을 지속적으로 추구해 온 것은 자연 속에서 정형적 형상을 두드러지게 나타내려는 의도였으며, 그로 인해 대중들에게 큰 감명을 줄 수 있었다. 특히 「게티센터」와 같은 대규모 프로젝트는 도시와의 밀접한 관계 속에서 디자인과 자연의 통합작업을 이루는데 성공한 사례라고 생각된다.

성장배경과 건축이념

리차드 마이어는 1934년 미국 뉴저지 주 뉴와크(Newark, New Jersey)에서 태어나 코넬 대학(Cornell University)³⁾에서 건축교육을 받았으며, 1957년 졸업 후 그림공부를 하다가 6개월간의 유럽여행을 통해 건축에 대해 많은 감명을 받는다. 그 기회에 대학 재학시절부터 흠모했던 르 꼬르뷔제나 알바 알토(Alvar Aalto, 1989~1976)를 직접 만나 그들의 사무실에서 일할 것을 부탁해 보았으나 성사되지는 않았다.

마이어는 꼬르뷔제의 영향에 대해 스스로 "내가 르 꼬르뷔제의 작품을 모르고 애정이 없었다면 나의 건축물을 만들지 못했을 것이다. 나는 그가 공간을 창조하는 방식에서 많은 영향을 받았다"고 고백하고 있다. 1963년 뉴욕의 「근대미술관

(Museum of Modern Art)」에서 열린 르 꼬르뷔제 작품 전시회는 뉴욕 파이브 멤버들에게 많은 영향을 주었다. 특히 마이어에게는 이것이 자신의 건축 사무소를 개설하는 계기가 되기도 하였다.

마이어는 주로 표현주의적인 회화와 복잡한 콜라주(Collage) 작업에 많은 관심을 가졌으며, 예술가인 프랭크 스텔라(Frank Stella)와 가까운 친구가 될 정도로 그림 그리기를 좋아했다. 그의 스튜디오에서 작업하면서 필라델피아의 분수 설계 공모에 함께 참여한 일도 있다.

그는 졸업 후 1959년 데이비스, 브로디 그리고 위스니우스키 (Davis, Brody & Wisniewski) 사무소에서 1년간 근무하다가 1960년에는 대형 설계사무소인 S.O.M (Skidmore, Owings & Merrill) 뉴욕 사무소에서 근무하면서 대형 프로젝트를 하게 되었다.

1961~1963년에는 제2세대 대표 건축가의 한 사람인 마르셀 브로이어(Marcel Breuer, 1902~1981)에게 사사를 받으며 그로부터 많은 영향을 받게 된다. 브로이어는 모호리 나기(Laszlo Moholy Nagy)와 함께 독일 뎃소 바우하우스(Dessau Bauhaus) 스쿨에서 학생들을 가르쳤으며, 월터 그로피우스(Walter Gropius, 1883~1969), 미스 반 데 로에(Mies van der Rohe, 1886~1969), 그리고 조셉 알버즈(Josef Albers)가 한 것처럼 1930년대 후반에 미국에 정착했다.

그는 사사를 받는 동안 남스의 라 가우데(La Gaude)의 「IBM 연구소」, 미국 미네소타 칼리지빌(Collegeville)의 「성 요한 베

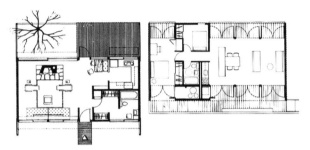

좌_1952년 마르셀 브로이어가 설계한 코넷티컷 주 라케빌의 「카셀 별장(Caeser Cottage)」으로 통풍, 채광, 조망이 좋은 싱글 스타일이다.
우_1962년 리차드 마이어가 담당한 뉴욕 주 파이어 아일랜드의 「램버트 해변 별장」으로 브로이어 작품과 유사한 싱글 스타일이다.

네딕틴(Benedictine) 수도원」 등과 같은 주요작품에 참가하였으며, 특히 처음으로 파이어 아일랜드(Fire Island)의 해변가 별장을 단독으로 담당하여 그의 탁월한 능력을 보여주기도 하였다.

위의 마이어 작품은 브로이어 작품 개념을 충실히 반영한 '싱글 스타일(Single Style)' 주택이다. 싱글 스타일이란 '홑집'[4]으로 각 기능이 겹치지 않게 되어 있고 방 양측이 외부와 직접 면해 있어 통풍, 채광에 좋고, 조망이 좋은 배치 개념을 말한다. 예를 들면 한옥이 안방, 대청마루, 건너 방, 부엌 등이 나열된 통풍, 채광, 조망이 매우 유리한 홑집의 사례이다.

1950년대 후반 대부분의 학생들은 대개 르 꼬르뷔제나 라이트와 같은 거장들의 작품이론에 사로잡혀 있었을 것으로 보인다. 알바 알토(Alvar Aalto, 1898~1976)가 설계한 「엠아이티(MIT) 대학기숙사」(1946~1949)와 마이어가 계획한 「올리베티 트레이닝 센터(Olivetti Training Center)」기숙사의 개념과 윤곽이 유사한 것이 이를 증명한다. 또한 마이어가 설계한 아틀란타 「하이뮤지엄(High Museum)」(1983)의 메이저 스페이스(Major Space, 대공간)[5]는 라이트가 설계한 뉴욕의 「구겐하임 미술관(Solomon R. Guggenheim Museum)」(1948~1959) 메이저 스페이스 공간 개념과 공통점을 찾아 볼 수 있다.

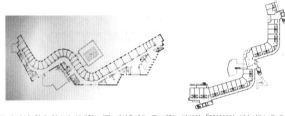

좌_1948년 알바 알토가 설계한 미국 메사추세츠 주 케임브리지의 「엠아이티 기숙사(M.I.T Baker Dormitory)」.
우_1971년 마이어가 계획한 「올리베티 트레이닝 센터」 기숙사의 디자인 개념이 알토의 「엠아이티 기숙사」와 유사한 느낌을 준다.

초기에 마이어는 르 꼬르뷔제의 5원칙을 즐겨 사용했고, 라이트의 유기적 건축(Organic Architecture), 그리고 미스의 '벽은 공간을 둘러싸는 수단으로서 구조로부터 해방시켜야 한다'는 건축 개념에 영향을 받았다.

대표작으로는 이태리의 「쥬빌리 교회(Jubilee Church)」(1996~2000) 1년간 심사 끝에 제임스 스털링(James Stirling, 영국건축가)과 후미히꼬 마끼(Fumihiko Maki, 일본건축가)를 제치고 선정된 로스앤젤레스 근교에 건립된 「게티센터」, 「TV와 라디오 뮤지엄(The Museum of Television & Radio)」(1994~1996), 바르셀로나 「현대미술관(The Museum of Contemporary Art)」(1987~1995), 헤이그의 「시청과 도서관(City Hall & Library)」(1986~1995), 아틀란타의 「하이뮤지엄(The High Museum of Art)」(1980~1983), 「수공예미술관(Museum for the Decorative Arts)」(1979~1985) 등이 있다.

그의 작품에서는 단순한 평면과 일부분 곡면의 사용, 경사로(ramp) 사용, 건물의 입면 처리기법 등과 알바 알토의 빛을 끌어들이는 수법과 극적인 동선 처리 등 르 꼬르뷔제의 영향을 자주 찾아볼 수 있다. 또한 그의 건축들은 과거 모더니즘의 영향을 강하게 받고 있으면서도 자신만의 건축이념을 발휘하고 있다. 그의 건축에는 백색마감, 넓은 면적의 개구부, 길게 뻗은 경사로가 일관성 있게 나타나 있다.

백색마감은 용도와 관계없이 그의 건축 대부분에 나타난 경향이고, 길게 뻗은 경사로도 주택이나 뮤지엄 건축에서 빼놓을 수 없는 주요 요소이다. 또한 얇으면서 넓은 면적의 개구부는 입구를 상징적으로 강조하며, 순수한 형태의 조각과도 같은 외부조형은 여러 작품에서 공통적으로 나타나고 있는 특징이다. 그는 이러한 건축적 특성 요소들을 통하여 극적으로 동선을 처리하고, 풍부한 빛을 실내로 유입시킨다. 또한 그의 작품은 아트리움(atrium, 중앙의 넓고 높은 홀)이나 위층 또는 아래층으로 뚫려 있는 공간에 의해 강한 개방감을 확보하게 되어 더욱 투명하면서 순수해 보인다.

그의 작품들은 다음과 같은 설계원칙을 가지고 디자인되고 있다. 기하학(geometry)적 해결, 구조(structure)의 독립성, 선명한 동선(circulation)과 대칭적 수직 동선 처리, 건물의 컨텍스트 (context), 명확한 프로그램(program), 건축의 요소들(elements), 형상과 배경(figure ground), 솔리드와 보이드(solids vs voids, 막힘과 뚫림)의 대비, 대지와의 관계(site relationship) 등의 원칙을 논리적으로 작품에 적용하고 있어 그의 작품은 높은 완성도를 가지고 있다. 특히 그의 기하학적 요소는 평면뿐 아니라 건축물 전체의 형태에도 큰 영향을 나타내며 심지어는 공간 속에서도 느껴지는데, 공간자체에도 솔리드와 보이드, 개방감과 폐쇄감, 사적 영역(private area)과 공적 영역(public area) 등의 공간 개념을 강하게 대비시켜 긴장감을 부여한다.

컨텍스트(context), 즉 대지와의 관계는 평면과 입면의 기하학적 형태나 스케일, 외부 전망의 이입 등에 의한 기존 건축물이나 자연 환경과의 조화를 통해서 이루어지고 있다. 또한 그의 작품의 다른 특색은 빛을 충분히 활용하여 극적인 분위기를 연출하여, 실용적이면서도 세련되고 절제된 공간을 창출해 낸다는 점이다.

1960년대 후반에는 마이어 자신을 포함하여 꼬르뷔제의 영향을 받은 젊은 건축가 다섯 명이 '뉴욕 파이브'라는 칭호를 받으며 본격적인 활동을 시작하였다. 그들은 함께 백색건축을 모체로 하여 출발하였으나 그 중 4명은 모두 다른 길로 가고 마이어만이 아직까지 한 길을 고수하고 있다.

마이어는 실무를 시작한 지 10년 동안 7개의 주택과 저소득층을 위한 공동주택을 설계하였고, 「벨 전화연구소」를 예술가들의 작업실로 개조하였으며, 다른 사무실과 연계하여 헬스 센터를 설계하기도 하였다. 그는 단독 주택뿐 아니라 상점 건축, 공장, 병원, 교육시설, 사무소, 미술관 등 다양한 작품을 통하여 미국건축가협회(AIA)상과 주택상, 그리고 로마와 밀라노에서 주는 건축상을 받았으며, 1984년에는 건축 부문의 노벨상이라고 할 프리츠커(Pritzker) 건축상[6]을 수상하였다. 또 다른 상으로 1998년 AIA 골드 메달, 2000년 AIA상 등을 수상하였다.

작품 활동을 하는 바쁜 중에도 건축 교육을 위해 모교인 코넬 대학을 비롯하여 하버드(Harvard), 쿠퍼 유니온(Cooper Union), 프렛(Pratt), 프린스턴(Princeton), 시라큐스(Syracuse), 예일(Yale) 등 많은 대학에서 초빙교수로 일하였다.

그는 대학 재학 시절부터 르 꼬르뷔제의 이론을 추종하고 있어 그의 건축 작품 원칙 즉, 지면을 해방시키고, 진입부를 개방시키기 위한 필로티(Pilotis)[7]의 사용, 구조로부터 벽을 독립시키기 위한 캔티레버(Cantilever)[8]의 사용, 자유스러운 평면 또는 곡면, 원색, 옥상 정원, 경사로, 천창(Sky light) 등을 자신의 작품에 적용하고 있다.

또한 마이어는 당시 하버드 대학 주임교수인 교육자이자 거장인 월터 그로피우스나 IIT 대학 주임교수인 거장 미스의 가르침과 미스가 설계한 「시그램 빌딩(Seagram Building)」(1957)의 구조를 통하여 그의 초기 미적 형성방식을 터득하게 된다.

마이어의 작품은 명료하면서도 복합적이고, 세련되면서도

힘이 넘치는, 그리고 합리적이면서도 시적이다. 그의 일관된 스타일이 그를 동시대 건축가들 사이에 가장 일관성 있는 작가 중의 한 사람으로 인식하게 만들며, 그의 질서 정연한 기하학적 성향은 그의 성품에서도 느낄 수 있다. 그의 작품은 자연과 컨텍스트에 의해 변화축을 갖는다.

마이어는 고대 그리스 사원에서부터 팔라디오의 16세기 빌라의 조명이나, 남부 독일의 빛으로 가득 찬 바로크식 성당, 르 꼬르뷔제의 기하학적 요소 등에 이르기까지 유럽의 정수들을 미국으로 흡수한 작가 중의 한 사람이다. 특히 유럽에 건축된 그의 작품은 미국 특유의 명확함과 활력이 나타난다.

그는 '근원(sources)'에 대한 토론에서 역사에 대한 그의 관점을 다음과 같이 설명하였다. "건축은 과거와 관련이 있다. 미래로 도약하기 위해서는 과거로부터 배워야 한다. 그곳에는 공간을 다루는 방법이 있고, 우리는 삶을 통해 그것들을 배울 수 있다고 생각한다. 르 꼬르뷔제, 프랭크 로이드 라이트, 그리고 알바 알토로부터 배울 수 있는 것만큼 베르니니(Bernini)와 보로미니(Borromini), 그리고 브라만테(Bramante)로부터도 배울 수 있다고 생각한다. 이것이 1930~1940년대의

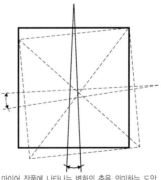

마이어 작품에 나타나는 변화의 축을 의미하는 도안.

근대 건축과 오늘날의 근대 건축이 서로 다른 점이다. 우리가 하는 작업은 건축의 역사와 연계되어 있으며, 또한 불행히도 하룻밤 사이에 바뀔 수 없는 인간의 실용적 관심과 연결되어 있고, 이는 궁극적으로 우리가 공간을 만들어내고 또 그 공간 창조를 위한 수단을 만들어내는 방식인 것이다. 그것이 바로 건축에 있어서 중요한 점이다."

1997년에 개관된 「게티센터」는 지금까지 그의 백색건축 스타일에서 벗어나 유럽의 전통과 그의 미국적 감성을 융합시킨 사례라고 볼 수 있다. 그럼에도 여전히 자신의 건축이념을 지키면서 그가 추구하는 '차분하고 질서있는 절제된 문화의 오아시스'를 만들어냈다.

백색건축의 찬미자인 마이어는 1984년도 프리츠커 건축상 수상 연설문에서 다음과 같이 자신의 건축관을 피력하고 있다. "나의 작품은 빛과 공간을 이용하여 만들었다. 이는 빛, 휴먼스케일(human scale, 人間尺度)[9], 건축 문화와 연관된 질서와

「게티센터」에 나타난 유럽풍 양식이 미국 특유의 명확성으로도 보인다.

정의의 공간 창조이며, 볼륨과 스킨(volume & skin)[10], 빛의 행위, 규모의 변화, 운동과 정지를 이용한 작업이다." "내가 사용하는 자료(source)들은 건축사(史)와 관련되는 것이나 나의 건축 언어와 표현은 건축사에 있는 그대로가 아닌 주관적이고 순수한 건축적 접근으로부터 이루어진다. 건축사를 중요시 한 것은 불변성, 연속성, 우수성을 소중히 여기기 때문이다." "나의 명상은 본질적으로 공간과 형태와 빛, 그리고 그것을 어떻게 만들어 낼 것인가 하는 것이다. 나의 목표는 환상이 아니라 현실이다. 그리고 건축에도 감성과 영혼이 있다고 믿으며, 그것을 끊임없이 추구하고 있다." 당시 프리츠커 건축상 심사위원들도 심사평에서 "조화로운 공간과 실험으로 명확성을 추구한 그는 생기있고, 독창적이며, 개성있는 건축을 디자인 한다"고 평가하고 있다. 그의 근본적인 관심사는 결국 공간, 형태, 그리고 빛이다.

그의 목표는 환상보다는 현실이다. 왜냐하면 건축의 영혼과 정신을 과거의 건축에서 찾고 있기 때문이다. 건축은 본질적으로 생명력과 인내를 함유한다. 그는 작품의 본질을 궁극적으로 무한한 전통 문화로부터 찾았고, 인간의 질서를 끊임없이 정의하여 자신의 건축 스타일로 만들었다. 따라서 그의 작품은 옛 건물의 양식을 흉내 내기보다는 그 스케일을 고려하는 특성을 가진다. 그 좋은 예로 프랑크푸르트의 「장식미술관」과 같이 기존의 건물이 가지고 있는 스케일을 그대로 자기 작품에 반영하여 기존 건축물과 조화를 이룬 점을 들 수 있다.

1980년 가을 하버드 대학 초청 강연 내용에서도 그는 '무엇을 해 왔는가(what has been)'와 '무엇을 할 수 있는가(what can be)'와의 관계를 이해하고자 했으며, 현재성과 영원성을 모두 과거 문화에서 발췌하려고 했다고 밝히고 있다.

뉴욕 파이브 그룹 활동

뉴욕의 젊은 건축가 그룹 5인

1968년 「CIAM」[11]의 공식적 종결과 「team10」으로의 대체는 실질적인 모더니즘의 종결을 의미한다. 따라서 건축은 그때까지 수십 년간 '국제건축양식'이란 이름으로 모더니즘 건축이 지향하던 기계주의, 기능주의 그리고 순수 예술 지향으로부터 벗어난다. 이어 지역성, 토착성 그리고 역사적인 맥락을 중요시하는 포스트모더니즘(postmodernism) 건축이 등장하게 되면서, 건축은 더욱 더 다원화되고 혼란된 상황으로 발전하게 되었다. 더군다나 근대건축을 이끌어 오던 대가들의 별세로(Frank Lloyd. Wright(1959), Le Corbusier (1965), Mies van der Rohe(1969),

Walter Gropius(1969)) 건축계는 구심점을 잃게 되었다. 이러한 혼란스러운 상황을 극복하기 위해 건축계는 1920년대 유럽 모더니즘 대가들의 철학적 이상주의와 원초적 형태에 집착하고, 미국과 유럽 등지에서는 형태의 질서를 순화, 정립하려고 시도한다.

**EISENMAN
GRAVES
GWATHMEY
HEJDUK
MEIER**

『Five Architects』 표지(1972).

'뉴욕 파이브'란 1970년대 초 미국의 아이비리그 출신들인 피터 아이젠만, 마이클 그레이브스, 찰스 과쓰메이, 리차드 마이어, 존 헤이덕 등 젊은 건축가들이 모여 본격적으로 활동한 그룹을 의미한다. 이들은 르 꼬르뷔제 등이 주도했던 모더니즘(modernism)의 본질이 왜곡되고 있다는 점을 주장하면서, 로버트 벤츄리(Rovert Venturi) 등이 이끄는 수정주의(Revisionism)에 맞서는 그룹이다.

1969년에는 그레이브스, 아이젠만, 마이어가 주 멤버가 되어 「team10」이나 「CIAM」과 같은 토론을 위한 그룹인 CASE(Conference of Architects of the Study of the Environ-ment)의 전시회를 가졌는데, 이때 과쓰메이와 헤이덕이 초대되어 5인 건축가로 그룹을 이루게 되었다

이들 5명의 주도적 건축가 그룹은 1972년에 『5명의 건축가 Five Architects』란 책의 출판을 계기로 '뉴욕 파이브' 또는 '흰색들(The Whites)'이라는 별칭으로 불리기도 하였다. 그룹의

별칭이 암시하는 것처럼 그들의 작품 대부분은 흰색으로 처리되었는데, 이는 르 꼬르뷔제의 건축적 사상으로 회귀를 암시한다. 또한 '백색'으로 환원된 건축은 당시 모더니즘 내부의 재정비 개혁, 그리고 그들 건축의 사상적 모태가 되는 유럽 전통으로의 복귀를 추구하고자 하는 의지의 반영이라고 볼 수 있다.

이들 모두는 공통적으로 초기 모더니스트들의 순수 기하학에 관심을 가져 '백색주의자'라고 불렸으나, 그 호칭은 곧 사라졌다. 그들 중 마이어만이 백색건축을 지속하였을 뿐이고, 아이젠만, 그레이브스, 과쓰메이는 전혀 다른 방향으로 나아갔으며, 헤이덕은 실무보다는 이론분야를 택하였기 때문이다.

마이어는 '모더니즘의 시학, 테크놀로지의 아름다움, 그리고 실용성'을 일관되게 반복해 온 낭만적인 건축가이다. 그는 "건축은 기나긴 연속체로서 하나의 전통이며, 전통과 단절하든지 아니면 이를 강화하든지 간에 전통과 연결되어 있다"고 주장했다. 따라서 그의 작업은 "그렇게 하지 않으면 존재하지 않을지도 모르는 질서를 찾아내어, 어떤 용도나 의미를 부여하기 위한 시도일 뿐"이라고 말한다.

'뉴욕 파이브' 멤버들의 이론은 1988년 뉴욕「근대미술관」에서 개최된 '해체건축' 합동전시회를 통하여 유명해졌다. 또한 그레이브스와 헤이덕은 건축보다 그림을 더 많이 그렸는데, 그러한 점들이 그들의 명성을 더욱 높여주었다. '뉴욕 파이브' 멤버들의 간단한 경력과 활동상황은 다음과 같다.

피터 아이젠만(Peter Eisenman, 1932~)

'뉴욕 파이브'를 주도하였던 피터 아이젠만은 1932년 뉴욕에서 출생하여 코넬 대학과 컬럼비아 대학을 졸업하였고, 영국의 케임브리지 대학에서 박사학위를 받은 이론파 건축가이다. 그는 바우하우스 운동을 주도했던 그로피우스의 「건축가협동체(TAC)」에서 이미 1957년부터 2년간 활동한 바 있으며, 모더니즘 건축과 예술이 한창 꽃피던 1960년대 후반에 30대 중반에 접어들었기 때문에 모더니즘 이념이 예술과 건축에 깊이 각인되어 있던 시기에 건축가로서의 성장기를 거쳤다고 할 수 있다.

이러한 성장 환경으로 인해 그는 '뉴욕 파이브'를 주도 하면서, 자신들의 건축관을 방어하기 위하여 이론적 무장을 철저하게 하였다. 그는 1967년에 뉴욕에서 건축도시연구소(IAUS)를 개설하고, 1982년까지 연구소 소장으로 재직하며, 세계 건축계의 이론적 흐름을 주도하는 다양한 건축적 논쟁과 담론을 담은 『대립 *Oppositions*』이라는 기관지를 발행하였다. 아울러 정방형 평면을 바탕으로 둔 다양한 주택을 건축적으로 실험한 「House Ⅰ, Ⅱ, Ⅲ, Ⅳ,...., Ⅹ」등의 실험주택과 건축적 이론을 꾸준하게 발표하였다. 1980년대 이후 그는 10여 년 간의 건축적 실험과 성과에 기반한 새로운 작품들을 설계하여 세인의 관심을 받고 있는데 이론가이자 건축가라는 두 개의 직업때문인지는 몰라도 그의 명성이나 영향력에 비해 작품은 상대적으로 적은 편이다. 대신 그는 학자다운 면모를 더욱 중시하여 케임브리지, 프린스턴, 예일, 하버드 등의 대학과 대학원에서 강의를 맡고 있으며, 일리노이 대학과 오하이오 주립대학 등에도 출강하고 있다.

웩스너 시각예술센터. 오하이오 주립대학.

1980년대 이후의 주요 작품으로는 「웩스너 시각예술센터」(1982~1989), 「고이즈미 조명회사 사옥」(1987~1989), 「컬럼버스 컨벤션 센터」(1989~1993), 1991년 P/A 상을 수상한 「신시내티 예술대학」 증축계획, 베를린 국제건축전을 통해 건설된 「집합주택」과 「막스 라인하르트 하우스」 등을 꼽을 수 있다.

마이클 그레이브스(Michael Graves, 1934~)

1934년 미국 인디애나폴리스에서 태어난 마이클 그레이브스는 오하이오 주 신시내티(Cincinnati, Ohio)대학에서 건축공부를 하였는데, 이 과정은 건축설계사무소에서의 실무 경험을 포함하고 있다. 그는 또한 1959년에 하버드에서 공부를 마쳤으며, 디자이너 겸 건축가인 조지 넬슨(George Nelson)과 일을 하였다. 아메리카 아카데미에서 장학금을 받아 2년간 로마에서 체류하였고, 귀국 후 뉴저지 주 프린스턴 대학에서 강의를 하였는데 1972년 이후부터 그는 이 대학의 건축과 교수로 재직하였다.

1964년 그는 인디아나 주 포트웨인에 「한셀만 (Hanselmann) 저택」을 설계하였다. 그는 '뉴욕 파이브' 멤버와 함께 뉴욕 소재 「근대 미술관」에 합동전시회를 개최하고 『5명의 건축가』라는 책을 출간함으로써 유명해졌다. 그는 신고전주의적인 양식(Neoclassical style) 내에서 르 꼬르뷔제가 1920년대에 제안했었던 '합리적인 스타일(the rational style)'을 재해석하였다.

그러나 1970년대 중반, 그레이브스는 이 집단의 엄격한 후기모더니즘(Neo-Modernism) 건축에서 멀어지게 되면서 모더니즘의 기반에 덜 관심을 갖게 되었고, 고전적인 박공지붕(gabled roof)[12]과 벽체, 추상적인 기둥 등의 형태를 추상화해내고 색

「휴머나 본사 빌딩」(1985)
켄터키 주 루이빌.

채의 사용을 강조하면서 광범위하게 퍼진 절충주의(eclecticism)를 발전시켰다.

또한 마이클 그레이브스는 고전주의(Classicism)의 풍자적인 통찰력을 생성해낸다. 그의 건물들은 매스(mass)와 양식(order)[13]에서 고전적이다. 비록 건축적인 어휘를 발전시키는데 있어서 근본주의자들(fundamentalists)의 영향을 받긴 했지만, 그레이브스는 건축의 필수적인 부분으로 유머를 사용하며 따라서 그의 작품은 모더니즘 작품과는 반대되는 위치를 차지하였다. 더욱이 그의 많은 최근 디자인들은 건축적인 혼성모방(pastiche)과 키치(kitsch)를 공표하는 듯이 보인다. 따라서 그의 건물에서는 차가운 색과 따뜻한 색, 남성과 여성, 직선과 곡선, 인공과 자연, 수직선과 수평선 등 다양한 대립 구도가 형성되어 있다. 이 이중적 관계가 다양한 의미작용을 만들어 낸다.

주요 작품은 오레곤 주 포틀랜드(Portland, Oregon)소재 「공공서비스빌딩」(1980~1982)으로, 그의 포스트모더니즘(Postmodernism)적 성향을 표현한 최초 작품 중 하나이다. 또한 「남가주 소재 도서관(San Juan Capistrano)」(1983), 켄터키 주 루이빌 소재 「휴머나 본사 빌딩(Humana HQ Building)」(1982~ 1985) 등의 작품이 있다.

찰스 과쓰메이(Charles Gwathmey, 1938~)

1938년 노스캐롤라이나 주 샬롯(Chalotte, NC)에서 태어난

찰스 과쓰메이는 1956년부터 1962년까지 필라델피아의 펜실베니아 대학(University of Pennsylvania, Philadelphia)에서 루이스 칸(Louis Kahn, 1901~1974), 로버트 벤츄리(Robert Venturi, 1925~) 등과 함께 건축공부를 하였으며, 예일 대학에서는 폴 루돌프(Paul Rudolph, 1918~), 제임스 스털링(James Stirling, 1926~1992) 등과 함께 공부하였다.

1964년부터 1966년까지 프렛(Pratt) 대학에서 디자인 교수를 역임하였으며, 1966년에는 리차드 핸더슨(Richard Henderson)과 함께 뉴욕에 자신의 사무소를 개설하였고, 1971년 이래로 그는 로버트 시걸(Robert Siegel)과 함께 '과쓰메이와 시걸(Gwathmey and Siegel) 건축설계회사'에서 공동 파트너로 일해 왔다. 그는 산업화된 이미지의 건물을 만들기 위해 근대건축운동의 열정과 역사를 함께 해온 19세기의 벽돌재료와 미국 목재구조를 이용한 수공업적 특성을 결합하고자 하였다. 또한 과쓰메이는 얇은 분할감과 수직성을 강조하면서, 그의 건물에 과장된 대규모의 스케일과 무한한 공간적 감각을 부여한다. 이러한 다양한 볼륨에도 불구하고, 그는 좋은 조망과 접근성을 위하여 기능성도 고려하고 있다.

그는 주로 개인저택을 많이 디자인하였으며, 특히 1985년부터 계획되어 많은 논쟁을 불러일으킨 「구겐하임 미술관」이 과쓰메이와 시걸에 의해 10층으로 재설계, 증축되어 1992년에 완공되어 명성을 인정받기도 하였다. 그의 사무소는 수많은 상을 수상한 바 있는데, 특히 1982년 미국건축가협회의

뉴욕「구겐하임 미술관」(1992)
증축부분 설계.

최고상인 사무소상(Firm Award)을 수상하였다.

존 헤이덕(John Hejduk, 1929~2000)

1929년 뉴욕에서 출생한 존 헤이덕은 1950년 뉴욕의 쿠퍼 유니언 대학과 1952년 신시내티 대학, 1953년 하버드 대학 그리고 1954년에는 로마대학에서 건축교육을 받았다. 그의 경력은 1954년부터 1956년 텍사스 대학에서 교수생활을 시작으로 1956년부터 1958년까지는 아이 엠 페이(I. M. Pei)와 함께 일했다. 1958년부터 1964년까지는 코넬 대학과 예일 대학에서 교수직을 하다가 1965년부터 자신의 설계사무소를 개설하였으며, 1975년 이후는 쿠퍼 유니언 대학 학장을 역임하였다.

그는 공간의 기능적 측면보다는 다양한 공간구조에 관심을
두고 작품활동을 해왔으며, 기하학적 기본 원리를 탐구하여
개념의 다양성을 추구해 왔다.

원, 사각형, 삼각형의 세 가지 기본 기하학 형태를 반으로
나눈 후 축을 이용하여 이것들 상호 간의 위상적 관계를 설정
함으로써 하나의 건물을 구성하였다. 이러한 시도는 기본 기
하학 형태를 3차원적으로 축조하여 건축적 질서를 얻으려는
기존의 상식과 반대되는 조형생성논리이다. 여기에 헤이덕은
기본 기하형태의 조합에 1/4, 1/2, 3/4 등과 같은 숫자의 명칭
을 붙임으로써 현대 문명에서의 인간 존재에 대한 고민을 건
축적으로 표현하려 하였다.

그는 위의 분수가 암시하듯이 현대문명에서 불완전한 상태
로 존재하는 인간은 일차적으로 기본 기하형태가 주는 완결적
질서에 의해서만 존재적 근거를 획득할 수 있다고 생각하였

다. 궁극적으로 여기에는 인간이 이러한 개체들 사이의 조화로운 위상적 관계에 의해 항구적 질서를 획득하게 되는 것이라는 생각이 반영되어 있다.

초기 10년간의 백색주택

리차드 마이어는 대학을 졸업한 후 1959년부터 4년간 유럽 여행, 그림 공부, 실무 경험을 통하여 건축가의 길을 시작하였다. 르 꼬르뷔제의 뉴욕 전시에 영향을 받아 1963년부터는 뉴욕에 자신의 건축 사무소를 개설하고, 주로 주택 작품을 수주하게 된다.

그가 미국 건축계에 화제를 던지기 시작한 것은 독자적인 방식으로 독립 주택을 설계하기 시작하면서부터이다. 특히 초기 주택 작품은 르 꼬르뷔제의 작품과 사상에 바탕을 두고 있는데, 그것은 기둥을 그리드 시스템(grid system)에 의해 배치하고, 벽체를 구조에서 해방시켜, 벽을 공간을 에워싸는 수단으로만 사용하고 있다는 특징이 있다.

그는 초기 10년간 7개의 대표적 주택 작품을 설계하게 되는데 '뉴욕 파이브' 멤버들이 각기 흩어져서 자신만의 세계를 고수한데 반해, 그는 주택 작품을 통해 백색 건축과 건축이념을 지속적으로 전개하는 힘쓴다. 특히 그의 초기 작품에 나타난 건축디자인 개념들은 이후까지도 일관성 있게 지속된 특징들이다.

「스미스 하우스(Smith House)」(Darien, CT, 1965~1967)

이 주택은 롱아일랜드의 해안선을 따라 발달된 암벽과 나무, 숲, 그리고 모래사장이 펼쳐진 전망이 좋은 곳에 위치하고 있다. 거의 손을 대지 않은 자연에 인공축(軸)을 설정하고 그 축에 직각이 되도록 건물을 배치함으로써 주택은 해안으로의 좋은 조망을 갖게 된다.

다소 폐쇄적인 건물 진입부 구성으로 인해 잠시 해안으로의 시야가 차단되나 집 안에 들어서면서 자연의 아름다움을 다시 감상할 수 있다.

두 아이를 포함한 4인 가족을 위한 이 주택의 내부 공간은 크게 공적 공간과 사적 공간으로

자연의 주변 환경이 백색건축을 더욱 돋보이게 한다.

구분된다. 거실, 식당 같은 공적 공간은 전망이 좋은 물가를 향하도록 앞쪽에 위치해 있고 상층부는 개방되어 있다. 침실과 같은 사적 공간들은 뒤쪽에 배치되어 있으며, 침실은 아침 햇살이 충분히 들어오도록 배려되어 있다. 공적 공간과 사적 공간이 철저히 구분되도록 하여, 실내공간의 위계질서가 분명하게 되어 있다.

수직 동선을 연결하는 두 개의 계단은 서로 대칭되게 배치되었는데, 이러한 수법은 그가 설계한 주택 작품에 공통적으로 나타나는 특성 중 하나이다.

백색 목조 건축으로 디자인된 이 주택은 흰 상자 같이 보이기도 하지만, 개방과 폐쇄의 철저한 대비와 주변 자연에 대한 긴장과 대비로 인한 대립개념이 풍부하게 드러난다. 또한 백색의 간결한 조형이 푸른 숲과 하늘을 배경으로 대조적으로 강하게 드러난다.

「솔즈맨 하우스(Saltzman House)」(East Hampton, NY, 1967~1969)

외부전경.

이 주택은 태평양으로부터 약간 내륙으로 들어온 지역인 롱아일랜드(Long Island)의 끝단에 위치한 평범한 3에이커 넓이의 부지에 건축되었다. 주변에는 해안가에 서 있는 풍차와 감자밭이 위치하고 있으며, 건물은 해안선과 평행을 이루도록 배치되어 있다.

건물은 본관과 부속 건물인 게스트 하우스(Guest House) 두 개의 동(棟)으로 구성되며, 본관과 부속동은 오버브리지(overbridge)로 연결된다.

이 건물은 「스미스 하우스」와 같이 공적 공간과 사적 공간이 분리되면서도 서로 유기적으로 연결되게 되어있다. 또한 위쪽으로 올라가면 바다가 드라마틱하게 펼쳐지도록 되어있다. 공적 공간은 노출된 철제 기둥과 벽난로(fire place)로 장식되어 있고, 외곽의 벽들은 백색칠이 된 목조로 처리되었다.

「올드 웨스트버리 하우스(House in Old Westbury)」

(Old Westbury, NY, 1969~1971)

뉴욕에서 1시간 정도 떨어진 거리에 위치한 이곳은 조망이 매우 좋은 전원적 분위기의 경사지로, 옛날 목초지(牧草地)로 사용되었던 곳이며 도로와는 나무숲으로 차단되어 있다. 건물은 전면

목초지의 광활한 자연조건에 백색의 간결한 조형이 돋보인다.

도로와 15° 정도의 변화축으로 배치되어 있다. 경사진 전면 뜰 중앙에는 연못이 있어, 주택으로 진입할 때 그 연못에 비치는 집의 모습을 볼 수 있도록 연출되어 있다.

실내 사진.

이 주택은 6명의 자녀들을 비롯한 많은 손님들을 접대하기 위하여, 침실이 11개나 되는 매우 큰 집이다. 현관은 진입부의 필로티를 통하여 접근하도록 되어 있는데, 이는 르 꼬르뷔제의 디자인 원칙을 적극적으로 적용한 사례라 할 수 있다.

실내는 다른 주택에서와 같

이 공적 영역과 사적 영역이 엄격히 구분되어 있다. 특히 내부 공간의 중심부이면서 전망이 좋은 전면부에 경사로를 두어 올라가면서 주변을 둘러볼 수 있도록 되어 있다. 이와 같은 수법은 이후 작품에서도 지속적으로 사용되고 있으며, 특히 뮤지엄 건축에서는 중요한 디자인 요소가 된다.

내부에는 수직 계단이 대칭적으로 위치해 있고, 거실 부분은 2층까지 오픈되어 있으며, 침실 부분에는 아침에 빛이 들어올 수 있도록 고려되어 있다. 이 주택 역시 백색건축으로 외장의 간결함과 개방과 폐쇄의 대비가 분명한 조형성을 보여주고 있다.

「샴버그 하우스(Shamberg House)」(Chappaqua, NY, 1972~1974)

이 주택은 뉴욕 카파쿠아(Chappaqua)의 무성한 숲 언덕에 조그만 별장(cottage), 수영장 근처에 위치하고 있다. 기존의 별장은 성장한 자녀를 위한 게스트 하우스로 사용되고, 새 집은 가족 모임과 두 사람만을 위한 공간으로 디자인되어 있기 때문에 매우 단순한 구조로 계획되었다.

상층을 통해 안으로 들어가게 되어 있고, 현관에

2개 층이 개방된 실내 전경.

들어서면 아래층과 그 밖의 경사진 숲이 내려다보이게 되어 있다. 아래층 거실로 통하는 계단은 구불구불하며, 주인 침실은 거실 상부에 떠 있다. 침실 밖에 돌출된 발코니는 현관 브리지와 대각선으로 대응되고 있다.

거실 부분은 다른 주택과 같이 상층이 개방되어 있고, 개방적인 넓은 창을 가지고 있어서 집안 전체가 밝고 명쾌하다.

「더그라스 하우스(Douglas House)」
(Harbor Springs, MI, 1971~1973)

미시간 호숫가(Michigan Lake)의 급경사지에 자리한 이 주택은 울창한 침엽수와 미시간 호수가 눈앞에 전개되는 천혜의 자연 조건 속에 지어졌다.

경사로를 따라 어우러지는 주택의 백색과 물, 나무, 하늘의

급경사지에 위치한 이 주택은 천혜의
자연조건을 갖춘 입지이다.

파란색, 초록색의 조화는 주택의 존재를 강조해 줄 뿐 아니라 자연 경관의 아름다움을 더해 주는 역할을 한다.

이 주택은 다방면으로 「스미스 하우스」와 유사한 구조를 가지고 있다. 대지가 급경사이기 때문에 건물로의 출입은 오버브리지를 통과해

지붕 정도의 레벨에서 이루어진다. 진입 후 아래로 내려가면서 펼쳐지는 미시간 호수의 전경은 한 폭의 그림과도 같다.

도로에서는 주택의 지붕과 최상층만이 보이고, 오버브리지를 건너서야 비로소 연면적 약 418㎡(약 126평) 생활공간을 가진 5층 건물이 보인다. 상부의 오버브리지 바로 아래에 위치한 또 다른 브리지는 거실에서 대지로 나갈 수 있도록 하며, 궁극적으로는 계단과 좁은 통로, 그리고 사다리를 통해 아래의 호숫가로 나갈 수 있다.

다른 주택과 같이 전망이 좋은 호수 쪽에는 공적 공간을 주로 배치하면서, 상부를 개방적으로 하고, 후면에는 사적 공간을 배치하여 두 영역의 구분은 엄격하게 하였다. 현관에 들어서면 아래의 거실과 식당의 개방된 공간을 접하게 되며, 커다

2개 층으로 개방된 거실과
미시간 호수가 내려다보이는 절경.

란 지붕 데크(deck) 넘어 미시간 호수의 전경이 펼쳐진다. 이 지붕 데크는 이 집에서의 다른 요소들처럼 육상 기지에서 발진하는 선박을 은유적으로 표현하고 있다.

「스미스 하우스」에서처럼 거실의 벽난로는 입구 바로 반대편에 위치하고 있지만, 이 주택의 경우에는 입구로부터 두 개 층 아래에 놓여

있다. 지붕 위까지 이어지는 스테인레스 스틸(stainless steel) 굴뚝은 입구의 장식재로 쓰여, 조망을 위한 테두리(frame) 같은 역할을 하며, 지붕 데크 내부 모서리의 곡선 천창은 입구와 호수의 전망 사이에서 완충적 역할을 한다.

조형적으로는 백색마감의 넓은 면적의 유리벽이 풍부한 빛과 자연을 유입시켜, 주택 전체가 투명하면서 담백해 보인다.

「지오반니티 하우스(Giovannitti House)」(Pittsburgh, PA, 1979~1983)

이 주택은 두 사람을 위한 곳으로 작고 경사진 교외 대지에 다른 집들로 둘러싸여 있어 외부로부터 사생활을 보호하는 것이 디자인의 중요한 고려사항 중의 하나로 부각 되었다. 따라서 이 프로젝트는 외부와 내부 공간의 구성관계가 중요시된 작품이다.

집 전체는 두 개의 사각형으로 구성되었는데, 하나의 사각형 부분은 3개 층으로 대부분의 주택 기능을 수용하며, 나머지 사각형 부분은 주차장과 부엌의 기능을 한다. 1층에는 식당과 게스트 룸(guest room)이 주차장과 부엌 가까이에, 2층에는 거실과 현관이, 3층에는 서재와 침실(master bedroom)이 위치하고 있다.

외부 조형은 에나멜 스틸 패널(enamel steel panel)로 되어 사적 공간을 보호하고, 유리 표피는 공적 공간을 관통하도록 빛을 제공하여, 이들 둘 사이에 미묘한 대화가 오가고 있는

외관 전경.

듯하다.

이상으로 마이어의 초기 주택 작품을 보면, 백색건축이 일관되게 발전되어 왔음을 알 수 있다. 또한 기하학적 해결, 구조의 독립성, 선명한 동선을 위한 중심부 경사로와 대칭의 수직계단, 솔리드와 보이드의 대비, 공적 공간과 사적 공간의 분명한 구분, 변화축의 설정 등 그의 디자인 원리가 논리적으로 전개되고 있음을 알 수 있다. 또한 이를 토대로 매 작품마다 설계 다이어그램을 제시함으로써 그의 건축 논리 전개를 다시 한 번 확인할 수 있다.

1970년대 이후 공공건축

리차드 마이어는 1970년대부터는 공공 건축 작품을 발표하기 시작하였으며, 이 시기 작품을 통해서 점차 미국 내에서 명성을 얻기 시작한다. 그리고 1980년대 이후에는 미국뿐 아니라 전 세계의 뮤지엄 프로젝트들에 참여하기 시작하였으며, 이를 통해 세계적인 건축가로 발돋움한 마이어의 위상을 엿볼 수 있다.

공공 건축 작품도 주택 작품과 같이 대부분 백색건축이고, 평면 구성 방식이나 디자인 원리의 적용, 그리고 작품 전개 논리가 주거 건축에서의 개념과 유사하게 적용되었다.

「브롱스 재활센터(Bronz Developmental Center)」
(Bronz, NY, 1970~1977)

안으로 열려진 공간 구성으로 인해 생겨난 중정(中庭).

이 건물은 뉴욕 브롱스의 기존 주택지를 재개발한 지역에 위치한다. 이 지역은 산업 지역과 철길 사이에 인접해 다소 혼잡스러워 보이는 곳이다. 이런 이유 때문에 자연히 밖으로는 폐쇄적이고, 안으로는 개방적인 배치로 계획되었다.

이 재활센터는 380명이 넘는 육체적 장애인들과 정신박약아들의 주거 시설과, 그들을 돌보고, 교육하고, 치료하는 의사와 간병인들의 시설로 이루어진 일종의 커뮤니티센터(Community Center) 개념의 건물이다.

따라서 전체 건물은 세 가지 주요 기능 즉, 서비스 기능(관리, 치료, 서비스 등), 주거 기능(가정적 스케일로 된 주거 기능), 병원과 교육 기능이 잘 조합된 복합건물이다. 어떻게 보면 수도원처럼 특수한 사회공간 속에서 독특하고 삼엄한 분위기이

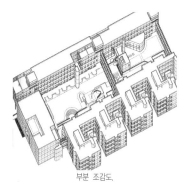
부분 조감도.

지만 재활의 희망을 줄 수 있는 하나의 도시 개념으로 설계되었다.

전체는 두 개의 중정(中庭)을 중심으로, 세 가지 기능이 분리되도록 설계되어 있다. 서비스 부분은 일반에게 개방되지만 강력한 벽체로 외부와는 차단되어 있고, 환자의 주거 부분은 'L'자 형으로 4개의 주거 단위(unit)로 구성되어 가정적 분위기를 조성하고 있다. 그리고 재활이나 교육을 위한 영역은 체육관(수영장, 농구장 등)이나 물리치료동으로 구성되어 있다.

두 개의 중정 중 하나는 교육 프로그램이나 재활훈련의 목적으로 사용되고, 다른 하나는 직원들의 휴식정원으로 활용된다.

건축의 외부는 당시로는 새로운 재료인 알루미늄 패널(aluminium panel, 365×333 규격)과 이중 유리로 하면서도, 환자들에게 가정적 분위기를 느끼게 하기 위해 적절한 모듈(module)로 분할시켰다. 하나의 도시를 형성한 듯한 구성이면서도 거부감을 느끼지 않도록 노력한 점에서 높이 평가를 받아 왔다.

「도시 탐방소(The Atheneum)」(New Harmony, IN, 1975~1979)

역사적인 도시 뉴 하모니(New Harmony)에 자리한 이 건물은 도시를 방문하는 사람들에게 오리엔테이션을 시켜주는 탐방 장소로 도시의 랜드마크(landmark) 역할을 한다. 배로 도착하는 관광객은 벌판에서 작은 통로를 통하여 건물에 접근하게 되어있다.

이 건물이 건립된 부지는 옛 사원이었던 장소로 와바시(Wabash) 강변의 광활한 평야에 위치하고 있으며, 이러한 자연환경은 백색건축을 더욱 상징적으로 돋보이게 해준다.

이 건축 역시 두 개의 축(axis)을 가지고 계획되었다. 즉, 주축인 직각 그리드(grid)는 기존의 가로체계에 대응되고, 부축(副軸)은 5°의 차이를 가지면서 강둑과 도시의 외곽을 연결한다.

40° 정도의 사선벽인 포디엄(podium, 연속적인 벽)은 진입부를 알리는 높은 벽으로 다른 건축들에서도 고려된 기법이고, 개방된 유리벽과 백색의 금속벽이 조합을 이룬다.

3층으로 된 전체 공

강변에 떠 있는 한 척의 배 모양을 한
백색건축의 초기작품.

중심부의 경사로.

간은 중앙의 경사로를 통해 각 층을 연결하여 공간의 연속성을 도모하였다. 중앙 홀은 천장으로부터 풍부한 자연광을 유입하고 있으며, 지붕층은 멀리 역사의 도시를 한눈에 내려다 볼 수 있는 전망대 역할을 한다. 전체 공간 중 자유로운 곡선의 벽이 존재하는데 이는 강변 이미지를 나타낸 것으로, 르 꼬르뷔제의 영향 중 하나라고 볼 수 있다.

전체적으로는 하나의 배 모양으로 강 위에 떠 있는 형상으로 되어 있다. 이 작품은 그 동안 백색주택 작품에 반영된 건축적 요소를 모두 내포하고 있어서, 마이어의 초기 공공건축의 특성이 잘 나타난 좋은 사례 중 하나이다.

「하트포드 신학교(Hartford Seminary)」(Hartford, CT, 1978~1981)

「하트포드 신학교」는 개신교 목사를 양성하기 위한 전통적

질서 정연한 외부 조형.

인 사제학교가 아닌 종파 간의 신학 학습센터로 1972년에 설립되었다. 따라서 이 신학교에서는 현직 성직자나 평신도들에게 고급 학위 프로그램을 제공하며, 나아가 연구, 컨설팅 서비스와 공적인 정책 프로그램 등을 운영하고 있다.

이 신학교는 완만한 경사의 교외 주거 지역, 신 튜더(Neo Tudor)[14]풍과 신 식민지풍[15]의 집들이 혼합된 곳에 위치하고 있다. 대형 미팅룸과 예배당, 도서실, 서점, 교실, 그리고 교수들을 위한 작업공간과 사무실 등을 포함하여 연면적 약 2,500 ㎡ 규모로 지어졌다.

명상과 학문에 전념하는 내적인 학술기관 그리고 세계의 종교적인 이해를 촉진하기 위한 외적인 학술기관이라는 이 신학교의 다원적인 역할로 인해 건물의 디자인은 두 가지 역할을 모두 만족하도록 구상되어야만 하였다. 따라서 이 건물은 평화로운 모임과 조용한 공부를 위한 장소로, 부분적으로는 은둔처의 역할을 하는 내적인 성향의 공간으로 구성되었고,

예배실 상부에서 자연광이 유입되는 효과.

동시에 신학교를 알리고 이곳에 참여하도록 초대하는 공적으로 확장된 더욱 큰 영역의 센터로서 계획되었다.

건물은 전면 도로에서 뒤로 물러나 있으면서 주 도로와 평행하게 배치되었으며, 주 기능을 하는 곳은 'L'자형으로 구성되어 있다. 주요 공간인 예배당과 미팅룸, 그리고 도서실은 2층과 3층의 L자 각기 끝부분에 위치시켰다. 그리고 사무실이나 세미나실과 같은 좀 더 작은 규모의 사적 공간들은 주요 세 곳을 제외한 나머지 부분에 배치되어 있다.

전체적인 직각 형상에서 유일한 변화를 주는 요소는 예배당 채광창과 미팅룸의 코너와 도서관의 파상형 유리벽의 곡면을 들 수 있다.

이 건물은 회랑으로 둘러싸인 안뜰을 통하여 건물 안으로 진입하도록 되어 있으며, 건물 내부는 빛으로 인해 종교적인 분위기를 더욱 자아내게 되었다.

주요 건축 자재로 투명한 유리와 유리 블록, 그리고 불투명

한 자기패널 등을 실내외에 사용함으로써 조형적으로는 빛의
침투와 순백의 성질을 강조하고 있다.

「크리프티 크릭 초등학교(Clifty Creek Elementary School)」
(Columbus, IN, 1978~1982)

인디아나 주 콜럼버스 시는 인구 4만 명밖에 안 되는 미국의
전형적인 전원도시이다. 건축적으로는 매우 훌륭한 일을 하고
있는 독지가 어윈 밀러(Irwin Miller)가 창립한 컴민스(Cummins)
후원회는 그 도시의 공공 건축(도서관, 학교, 행정 건물 등) 설
계를 유명한 건축가들을 초빙하거나, 현상 공모전을 통해 선
발하여 설계비를 지불해 주고 있다. 건축을 사랑하는 시민이
많아서, 미국을 대표하는 건축가의 작품이 가능한 곳이기도
한 이 도시는 도시 전체가 일종의 건축 박물관으로 매년 수십
만 명의 방문객을 유치하고 있다.

전원도시 근교의 초등
학교로서 위압적이지
않기 위한 수단으로
벽재를 2등분하고 있다.

이러한 전원적이고도 건축전시장과도 같은 도시 근교의 완만한 경사지에 위치한 이 초등학교는 유치원과 초등학교 기능을 함께 가진 공립학교이다. 중정을 중심으로 교실동과 도서관, 특별 교실동인 체육관과 다목적 홀, 그리고 교사들의 공간인 관리동으로 구분되어 서로 긴밀하게 연결된다. 중정을 보고 있는 중앙의 경사로가 서로를 연결하며, 경사로에 인접한 도서관은 2개 층에 걸쳐 개방되어 있으며, 중정으로부터 자연광이 유입된다.

교실동은 각 층마다 4개의 교실이 있으나 필요에 따라 2방씩 합칠 수가 있도록 가동적 칸막이로 되어 있다. 각 교실마다 교사의 방이 유리로 개방되어 학생 관리가 용이하게 되어 있다. 특히 다목적 홀에는 스테이지(stage)가 설치되어 있어 공연이 가능하도록 계획되었다.

외부 조형은 지금까지 백색건축으로 일관했던 것과는 달리 하부의 백색기단 위에 회색 벽을 세운 점이 특이하다. 이는 아마도 어린이를 고려해 위압적으로 보이지 않기 위한 수단으로

중정을 길게 두고,
그 주변에 여러 가지
기능들을 조합해 놓은
단순한 배치이다.

보이며, 특히 경사지라는 인식을 주기 위해 두 가지 색조를 사용하여 경사 자체가 강조되는 효과를 주고 있다. 이러한 색조의 변화는 그 후 「브리지포트 센터(Bridge port Center)」에서도 주변 건물의 색채를 반영하기 위해 사용된다.

창은 정방형의 형태로 되어 있으며, 이 정방형 형태의 창은 이후 작품에서 계속적으로 나타나며, 특히 외벽재의 모듈 역시 대부분 정방형으로 한다.

「브리지포트 센터(Bridgeport Center)」(Bridgeport, CT, 1984~1989)

뉴욕과 보스턴 사이에 위치한 브리지포트는 미국의 위대한 도시 중의 하나로 코넷티컷(Connecticut) 주의 경제 발전에 크게 공헌하는 도시이다. 마이어는 이 도시의 중심에 센터건물을 계획함으로써 도시의 랜드마크 역할을 하면서도, 기존의 고정 관념을 깨는 새로운 방향의 건축 조형을 제시하였다. 「브리지포트 센터」는 1842년에 설립된 은행(People's Bank)의 재력과 안정성을 상징하는 살아있는 하나의 심볼 마크이다.

도시의 랜드마크 역할을 할 만큼 높고 큰 규모에 다양한 색감을 지니고 있다.

이 센터는 도시에서 가장 높은 건축물이다. 여러

개의 동이 색, 질감, 형태로 잘 조합되어 있으며 저층과 고층이 무리 없이 결합되어 있다. 또한 기존의 오픈 스페이스(open space)를 전면 광장으로 이용하면서 휴먼 스케일에 적합하게 설계된 작품으로 도시 환경에 새로운 방향성을 제시하고 있다.

도시에 접어들면, 건물은 멀리서부터 서서히 윤곽을 드러내며, 거리를 따라 걷는 중에는 더욱 친근감을 느끼게 한다. 이 건물은 이 도시의 과거 정신과 미래의 비전을 대표하는 상징물이라고도 보인다.

여러 동은 각각 대비를 이루는 구조로 되어 있으나, 저층부는 하나로 통합되어 있다. 이 저층부는 대부분 금융 업무를 수행하는 공적 공간으로 사용되고, 상층부는 주로 업무 시설로 이용된다. 실내 공간 구성은 빛과 음영, 그리고 백색의 드라마틱한 연출로 구성되어 활기찬 움직임을 더욱 강조하고 있다.

이 건물의 조형은 인접한 기존 벽돌집의 색조, 질감, 형태가 반영되어 주변 환경과 서로 잘 조화를 이루며, 도시 안의 도시 같은 인상을 준다. 건물 외장 마감은 흰색, 갈색의 자기질 금속패널과 기존의 바넘 뮤지엄(Barnum Museum)[16]의 외장색을 반영한 붉은 화강석을 사용하여 다양한 색채와 질감이 혼합을 이루어 강한 인상을 주고 있다.

「헤이그 시청사와 중앙도서관(The Hague City Hall & Central Library)」(1986~1995)

이 거대한 프로젝트는 도시 계획 차원으로 진행된 것이다.

이곳은 헤이그의 밀집 지역으로, 그 주변에는 중앙역을 비롯하여 사법부와 외무부 청사가 인접해 있다.

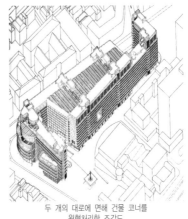

두 개의 대로에 면해 건물 코너를 원형처리한 조감도.

마이어는 궁전과 그리 멀지 않은 모서리 대지 위에 두 개의 주된 그리드에서 12.5°의 변화된 축을 설정하였고, 그 벌어진 축 선상에 각각 12층과 10층의 유리와 철로 된 박스형 사무동을 벌려 배치하였다. 그리고 두 건물 사이에 거대한 아트리움 공간을 계획하여 시민들을 위한 공공 광장으로서의 역할을 부여하였다.

이러한 디자인 의도는 시민들에게 중앙광장을 내주고, 그 주변을 공무원들이 사용한다는 상징적 의미로 네덜란드의 민주주의 이상과도 부합된다. 아마도 이 대공간은 유럽에서 가장 큰 아트리움 공간 중의 하나일 것이다.

모퉁이의 시의회와 도서관은 박스형에서 돌출된 원통형 공간 안에 위치하며, 그 조형적 형태로 인해 주변 건물들의 단조로운 이미지를 경감시켜 준다. 이 청사는 큰 규모의 건축물임에도 불구하고 주변 건물들을 압도하지 않는다.

「봐이스하프트 포럼(The Weishaupt Forum)」
(Nearby Schwendi, Germany, 1987~1992)

　마이어는 독일 쉬벤디 근처에 다용도 건축물을 설계하였는데, 건축주는 보일러 제작회사의 회장이자 예술 애호가인 지그프리트 봐이스하프트(Siegfried Weishaupt)이다. 건물은 교육 센터, 쇼룸(showroom), 직원 식당, 갤러리 등으로 이루어졌다.
　두 가지 기능으로 이루어진 2층 규모의 이 콤플렉스(complex)는 지붕 있는 보도로 연결되고, 오래 전에 설립된 이 회사의 기술에 대한 자부심을 표현하는 형태와 아름다운 디테일을 가지고 있어 자사 생산품에 대한 보이지 않는 광고역할을 수행하고 있다. 직선벽과 단조로움을 경감시켜주는 곡선벽, 솔리드와 보이드 등의 건축적 개념들이 진입부에 잘 표현되어 있다.
　작은 동에는 제품전시실과 함께 50석 규모의 강당이 있고,

백색건축을 무리없이 나타낸 파사드.

2층에는 20세기 말 대가들의 작품을 전시하고 있다. 또 다른 동에는 손님용 식당과 직원용 식당이 있고, 교실 두 개와 실험실이 마련되어 있다.

「카날 플러스 본사(Canal+ Headquarters)」(Paris, 1988~1992)

세계에서 가장 성공한 케이블 텔레비전 회사 중 하나인 「카날 플러스 본사」는 15번째 구에 위치하고 있으며, 파리 세느강 서안의 미라보 다리 서쪽 바로 옆과 새로 조성된 앙드레-시트로앵(André-Citroën) 공원의 동쪽에 인접하고 있고, 또한 별로 두드러지지 않은 많은 현대적 사무실과 주거지 건물들 근처에 자리 잡고 있다. 이 건물은 세느강을 바라보고 있는 행정동인 서측 윙과 시청각 제품시설인 동측 윙으로 구성된다. 이 건물이 사용할 수 있는 공간의 연면적은 약 22,000㎡ 정도이다.

세느강변 쪽 파사드.

마이어는 "이 건물은 지적이고, 관능적이며, 아름답다. 공간적으로는 단순하나 기술적으로는 복잡하다. 사무동이 얇은 것은 카날 플러스사의 이미지 역할을 수행하기 위함이다"라고 그의 디자인 개념을 설명하고 있다. 세느강으로부터 받은 이 이미지는 커다란 배의 형태로 나타나는데, 변화하는 빛이 움직임을 표현한다.

「전시와 집회빌딩(Exhibition & Assembly Building)」
(Ulm, Germany, 1986~1993)

이 프로젝트는 세계적인 건축가 10인을 초청하여 공모전을 개최한 결과 마이어의 치밀하고 명쾌한 안이 거의 만장일치로 채택되어 진행된 것이다.

1993년 11월 12일 개관된 이 건물은 10만 명 인구의 울름 시의 역사적 중심인 「울름 뮌스터 대성당(Ulm Münster Cathedral)」(높이 161m) 옆 광장에 위치한다. 이 역사적인 도시의 85%는 1944년 제2차세계대전 중 폭격에 의해 파괴되었고, 그동안 울름 시의 재건은 건축가의 관여 없이 수행되어 왔었다.

이 건물은 도로로 둘러싸여 있으며, 가급적 기존의 흐름을 막지 않는다. 서로 교차하는 축들과 전면에 보이는 선들의 일부는 성당과 일치되는 것이고, 또 다른 일부는 광장과 그 주변 건축들이 가지고 있는 기하학적 구조로부터 도출된 것이다.

이 건물은 그 자체의 디자인만으로도 두드러질 뿐 아니라,

주변 도시 경관 특히 성당과의 관계를 고려한 프로젝트로서 주목할 만하다. 한 저명한 언론인은 마이어를 보고 "독일의 대다수 시민보다도 울름의 역사적 정신을 더 잘 이해하고 설계하였다"라고 극찬하였다.

이 건물은 전시공간과 대형 집회실, 카페, 그리고 관광 안내 센터로 이루어진 복합건물이

화강석과 스터코의 조합으로 기존 도시의 건축물들과 조화를 이룬다.

다. 상부에는 테라스가 있고, 하부에는 아케이드를 갖추고 있

전시장 내부에서 뮌스터 대성당을 바라볼 수 있게 한 마이어의 의도를 엿볼 수 있다.

는 3,500㎡의 3층 건물이다. 건물을 분절시켜, 주변 건물을 압도하지 않는 아담한 건축물로 보이게 계획되어졌다.

지금까지 마이어가 설계한 공공 건축물들은 대부분 금속 패널을 사용했는데, 이 건물은 로사 단테(Rosa Dante)산 화강석[17]과 백색 스터코(Stucco)[18]를 잘 조화시켰고, 뮌스터 광장으로부터 방문객의 동선을

유도하기 위해 건물 전면부에 곡선 벽면을 사용한 것이 특징
이다.

광장 바닥의 포장 재료는 성당에 사용된 그리드와 동일한
치수의 격자형으로 동질감을 느끼게 하지만, 그 방향을 다르
게 함으로써 광장 바닥과 건축물을 구분시켰다.

전시장의 지붕 형태는 조형적으로는 주변 건물의 박공지붕
형태를 가져와서 기존 환경과의 조화를 꾀하였다. 또한 기능
적으로는 전시장에 자연 채광을 적극적으로 유입하며, 전시장
내의 천창을 통해 뮌스터 성당을 바라볼 수 있게 하여 극적인
효과를 연출하였다.

「쥬빌리 교회(Jubilee Church)」
(Church of the Year 2000, Rome, Italy, 1996~2000)

이 쥬빌리 교회는 가장 역사적인 도시인 로마에 개관한 이
래 현대건축의 랜드마크로 자리매김하였으며, 세계 교회 건축
의 새로운 패러다임을 만들어 나갈 중요한 작품이 되었다.

이 작품은 미국 캘리포니아 가든 그로브(Garden Grove)에
위치한 「크리스털 성당(Crystal Cathedral's International Center
for Possibility Thinking)」(1998~2003)과 코네티컷에 위치한 「하
트포드 신학교」와 더불어 마이어가 설계한 3번째 종교관련
건축물이다. 쥬빌리 교회 프로젝트는 1995년 초대공모전에 의
해 시작되었고, 그 당시 안도 다다오(Ando Tadao), 귄터 베니

「쥬빌리 교회」 전면
파사드.

쉬(Gunter Behnisch), 산티아고 칼라트라바(Santiago Calatrava),
피터 아이젠만(Peter Eisenman), 그리고 프랭크 게리와 치열하
게 경쟁한 끝에 1996년도에 당선자로 확정되었으며, 1998년
착공되었다.

이 교회는 로마 주변 지역에서 50번째로 건축된 새로운 교
회로서 커뮤니티센터의 기능을 포함한다. 이 교회는 로마 중심
에서 동쪽으로 약 10km 떨어진 외곽의 또르 뜨레 떼스떼(Tor
Tre Teste) 지역의 삼각형 평지에 위치하며, 1970년대에 지어
진 중하계층 공동 주거 복합 단지와 인접해 있다. 동쪽의 사그
라토(sagrato)라고 불리는 포장된 보행자 도로는 신도들의 모임
을 독려하기 위해 중세시대 이태리 신도들이 광장에 모여 있
던 형상을 재현하고 있다.

연면적 약 10,072㎡(약 3,047평)의 건물은 교회 예배공간과
커뮤니티센터의 기능을 동시에 충족시키며, 두 개의 서로 다
른 기능은 4개 층의 높이에 달하는 아트리움으로 연결되어 있

고, 콘크리트, 스터코, 트래버틴 대리석[19], 그리고 유리가 주재료로 사용되었다.

이 교회는 매우 개방적이고 빛으로 가득 찬 공간으로 구성되었으며, 북쪽에는 수직벽이 세워졌고 나머지 삼면은 구(球)의 일부처럼 둥근 벽으로 둘러싸인 형태로 이루어졌다. 마이어가 지금까지 사용해 온 건축언어에서는 찾아 볼 수 없을 정도로 색다른 세 개의 각기 다른 높이(17-26.8m 사이)의 콘크리트 곡면벽체는 마치 흰색의 요트 돛을 연상시키며 교회 내부 공간을 감싸고 있다. 교회의 천장 전체를 유리로 처리하여 공간 내에 풍성한 자연 채광이 스며들게 하였다. 야간에는 반대로 내부의 빛이 발산되어 영적인 존재를 느끼게 하는 동시에 주변 조경에 미적인 요소를 부가 시켜준다. 예배공간에는 240명의 신도를 수용할 수 있으며, 일일 기도공간에는 24명을 수용하게 된다.

「쥬빌리 교회」는 삼각형의 대지를 매우 잘 활용하였다. 성스러운 영역을 남쪽에 위치하게 하고, 본당은 북쪽의 세속적

자연광이 충만한 예배당 내부전경.

인 경계에서 분리시켰으며, 보행자는 공동 주거 지역이 있는 동쪽에서나 주차장이 있는 서쪽에서 모두 접근이 가능하게 계획되었다.

교회 콤플렉스의 비례는 분리된 사각형과 세 개의 원형의 반복에 의하여 만들어졌다. 건물의 입면 구성은 동일한 반지름을 갖는 3개의 곡면으로 이루어졌고, 연결되는 중심축의 벽체가 본당의 주요 부분을 차지하며 이는 성부·성자·성신의 3위 일체를 의미한다.

4층 높이의 커뮤니티 센터는 주변 지역 사회의 교육을 위한 모임 중심장소 및 레크리에이션 활동을 위한 장소로서의 기능을 갖는다.

마이어는 "21세기를 대표하는 새로운 로마 가톨릭 교회가 「쥬빌리 교회」로 인해 재생되는 것이다. 이제 이 교회는 도시의 역사적인 전통 건축의 위상을 높여주고 유지시켜주는 랜드마크로서의 역할을 담당하게 될 것이다"라고 이 교회의 건축적 의미를 부여하였으며, "역사의 일부로 남을 중요한 기회가 주어진 것을 큰 영광으로 여기며, 로마 교구의 파트너로 일하게 된 것 또한 큰 영광으로 생각한다"라고 감사를 표하였다.

세계적인 건축가로 신망받게 된 두 작품

마이어는 1970년대까지는 주로 미국에서 알려진 건축가였지만 프랑크푸르트「장식미술관」지명 설계 공모에 당선된 이후부터 세계적인 건축가로서의 명성을 얻기 시작하였다. 그는 이 설계경기에 당선작가로 선정되면서 세계적인 건축 잡지에 소개되기 시작하였으며, 자신의 작품을 순회 전시할 기회도 가지게 되었다.

또한 그는 운 좋게도 같은 시기에 아틀란타의「하이뮤지엄」설계를 수주하면서 입지를 더욱 확실하게 하였다. 이「장식미술관」과「하이뮤지엄」설계로 그는 건축에 있어서의 노벨상이라고 할 수 있는, 세계적 권위를 가진 프리츠커 건축상(1984)을 수상하게 되었다.

마이어는 지금까지의 백색건축을 결산하고 새로운 개념으로 시도해본 로스앤젤레스 근교의 「게티센터」로 인해 또 다시 전세계 건축계의 주목을 받게 되었다. 그리고 그는 계속적으로 바르셀로나 「현대미술관」, 로스앤젤레스의 「TV와 라디오 뮤지엄」, 프랑크푸르트의 「민족학 뮤지엄」 등의 설계로 뮤지엄 건축의 권위자로 인정받는다.

마이어는 이들 뮤지엄 건축설계에서도 초기부터 사용해 온 건축 언어들 즉, 여러 개의 축에 따른 배치, 경사로의 사용, 진입부의 포디엄, 자유로운 곡면의 사용 등을 지속적으로 사용하였으며, 조형적으로도 기하학적인 형태와 백색건축을 더욱 발전시켜 나갔다.

「장식미술관(Museum for Applied Arts)」
(Frankfurt/M, 1979~1984)

제2차 세계대전 후 폐허가 된 독일은 병원, 학교, 도서관 등 공공시설물들을 건설하는 데 급급하였다가 경제적 여유를 갖게 된 1950년대에 들어와서야 교회 건축을 시도하였다. 그리고 1960년대부터 본격적인 문화시설 확충사업을 지속하여, 1970년대에는 전국에 700여 개의 뮤지엄을 보유하게 되었으며, 1980년대부터는 세계적인 뮤지엄 건축을 곳곳에 가지게 되었다.

그 당시 리차드 마이어의 「장식미술관」을 비롯하여 한스

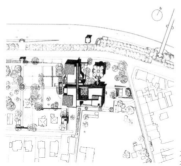

기존 빌라의 모습과 유사한 신관의
조형이 잘 조화를 이루고 있다.

홀라인의 「문센그라드바흐(Mönchengladbach 시립미술관」, 제임스 스털링의 「슈투트가르트(Stuttgart) 국립미술관 신관」, 웅거스의 「독일 건축박물관(Deutsches Architekturmuseum)」 등과 같은 새로운 뮤지엄이 개관되어 높은 평가를 받았다.

이 「장식미술관」의 설계는 1979년 설계 경험이 많은 로버트 벤츄리, 한스 홀라인과 함께 지명 설계경기 형식으로 경쟁이 이루어졌는데 마이어의 작품이 채택되었다. 그의 작품이 다른 작가의 작품보다 뛰어났던 점은 1800년경에 건축된 메출러(Metzler) 가(家)의 저택을 신축건물이 둘러싸면서 기존의 빌라가 가지고 있는 건축 어휘(한 변이 17.6m되는 정방형 평면을 반영한다든가, 창문의 크기를 동일하게 하는 등)를 신축안에 적용했기 때문이다. 그리고 장소의 특성을 잘 고려하여 신고전주의풍의 빌라와 조형적 조화를 이루게 하고, 마인 강변의 조망을 충분히 고려한 점 등이 높은 평가를 받았다.

이 미술관에 표현된 전형적인 모더니즘적 움직임의 기본

요소는 사각형, 원통형, 격자구조, 단순한 담, 창문의 넓은 면 등과 같은 그 건물의 큰 정육면체(cuboid) 요소이다.

이 프로젝트로 인해 마이어는 국제적으로 명성을 얻는 계기를 마련하였고, 그의 백색건축을 대형 건축에 적용해 볼 기회를 가지게 되었다. 또한 이 미술관 설계의 성과로 같은 시기에 진행되는 미국 아틀란타의 「하이뮤지엄」의 설계를 수주하게 되는 행운을 얻었다.

이곳 샤우마인카이(Schaumainkai) 거리는 옛날 빌라가 산재해 있던 고급 주택가였는데 시에서 모두 사들여 '미술관 거리(river bank of museums)'를 조성한 지역이다.

이 프로젝트는 기존 빌라를 하나의 디자인 요소로 고려하여 계획되었으며, 조직적인 그리드는 기하학적 형식 즉, 하나는 기존의 축을 그리고 다른 하나는 도로와 직교하는 축을 혼합하여 구성되었다. 이들 두 그리드의 병치는 건물 배치뿐만 아니라 내부 공간 구성과도 긴밀한 연관성을 유지한다. 따라

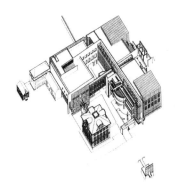

기존의 구관을 에워 싼
신관의 모습이 조화를 이루는
엑소노메트릭 .

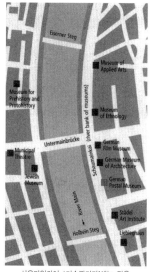

사우마인카이 '미술관거리'에는 많은
뮤지엄들이 도열되어 있다.

서 이 프로젝트는 단순히 뮤지엄 건축의 측면이 아니라 도시 계획적 측면을 고려하여 설계되었고, 실내 전시까지도 건축과 일체화시킨 작품이라 할 수 있다.

신관과 구관 사이에 위치한 중정은 두 건축 사이의 매개 공간 역할을 하며, 내부 어디에서나 구관이 보이도록 설계되었다. 구관과 신관의 연결은 2층에서 가볍게 유리다리로 연결되어 서로를 존중하는 듯 보인다. 관람객의 주동선은 경사로를 통하여 연결되며, 경사로와 전시실 사이에 설치된 벽은 반개방적 공간으로 전개될 것을 암시하며 공간 간의 시각적 연계를 도모한다.

조형적으로는 기존의 모습을 재현한 듯 기존의 제약을 조화롭게 수용하고 있으며, 백색 금속 패널 마감으로 기존 저택의 스케일과 규모를 그대로 표현하고 있다.

「하이뮤지엄(High Museum of Art)」(Atlanta, GA, 1980~1983)

미국 조지아 주 아틀란타에 건립된 「하이뮤지엄」은 프랑크

길게 경사진 진입로를 따라
유유히 거닐며 기념비적인
건축에 접근하게 된다.

푸르트의 「장식미술관」과 같은 시기에 설계된 것으로 여러
건축가와의 경쟁 속에서 마이어가 만장일치로 선정되었다.

계몽주의시대의 뮤지엄은 고전적 뮤지엄 개념으로부터 탈피
는 하였지만 미술품을 수집·전시한다는 기능만을 가지고 있었
다. 또 그 당시 유럽의 유명 뮤지엄들은 거의가 대저택이나 궁
전을 개조한 것들이었다. 「하이뮤지엄」도 1926년 하이(Joseph
H. High) 부인이 기증한 저택에서부터 시작되었다. 1955년 벽
돌집의 신관을 짓게 되었고, 1974년에 전시공간을 확장하고자
계획된 것이 바로 이 신축미술관이다.

마이어는 이 프로젝트로 인해 더욱 국제적으로 신망을 받
게 되었고, 이보다 한 해 전에 시작된 프랑크푸르트의 「장식
미술관」의 디자인 언어들을 한층 더 보완하는 좋은 기회가 되
었다. 그는 이 작품으로 미국건축가협회(AIA)상을 비롯한 많
은 상을 수상하게 되며, 따라서 이 뮤지엄은 지역 시설물에서
국가적, 세계적 인지도를 갖는 시설물로 격상되었다.

전체 건물면적의 1/4을 차지하는 대공간은 곡면을 이루며 자연광 유입으로 전관이 밝은 인상이다.

이 뮤지엄은 아틀란타 시 중심부에서 2마일 떨어진 새로 확장된 문화중심지역에 위치하며, 인접한 곳에 「메모리얼 아트 빌딩」과 역사가 있는 교회가 위치한다. 따라서 도시 구조에 있어서 중요한 전략적 교훈을 제공해 주며, 고귀한 광정(光庭, Light Court)을 통해 도시 활성화를 도모한 프로젝트라 할 수 있다.

방문객들은 아테네 신전과 같이 길게 경사진 진입로를 따라, 대지 위를 대각선으로 진입하고, 그 과정에서 기념비적인 건축물을 대하게 된다. 전정(前庭)은 수변 공간(水邊空間)과 조각 공원으로 이루어져 전시관람뿐 아니라 사색의 장소 및 휴게 공간으로도 활용되며, 진입부 하부에 위치한 뮤지엄 카페와 동선이 연결된다.

건축 전체는 정사각형으로 구성되어 있고, 그 중 1/4부분이 원형의 대공간으로 곡선처리 되었고, 나머지 3/4부분이 전

대공간과 전시공간 사이의
반개방된 전시공간 겸 전실
역할을 하는 겹공간이
특이하다.

시공간으로 사용되고 있다. 대공간은 전 층이 개방되어 있고, 천창과 측창으로부터 들어온 자연광은 전관을 밝혀준다. 또한 수직적 연결을 위한 램프는 내부 공간과 외부 공간을 동시에 체험하게 하여 방문객들에게 다양한 공간감을 제공한다. 이러한 대공간의 개념은 프랭크 로이드 라이트가 설계한 뉴욕의 「구겐하임 박물관」으로부터 영향을 받은 것으로 보인다. 즉, 빛이 가득한 대공간의 형성과 램프의 영감으로 공간에 생명력을 불어넣어 준다. 이 대공간으로 인해 지나가는 사람들은 안으로 들어가고 싶은 충동을 느낀다.

대공간 앞에는 전시공간들이 'ㄱ'자로 배치 되어 있고, 대공간과 전시공간 사이에는 전실(前室) 역할을 하는 겹공간이 배치되어 있다. 이는 일종의 매개공간으로 자연광이 충만한 대공간에서 순차적으로 조도가 낮은 전시공간으로 이동할 때 눈의 적응을 도와준다. 전시공간이 대공간으로부터 안쪽으로 감싸고 있는 이러한 형식은 관람객을 안으로 유인하는데 도움

이 되고, 그로 인해 만들어진 외관의 개방적인 원형 처리는 남부 도시의 사회적 모임 장소로 상징성을 갖는다.

이 뮤지엄은 조형적으로 바로크 성당처럼 준엄하며, 프랑크푸르트의 「장식미술관」처럼 백색의 자기질 금속 패널로 처리되어 그 고유의 빛을 발휘하면서 완벽성과 순백성이 잘 표현된 백색건축의 절정에 도달한 작품이라고 할 수 있다.

1980년대 이후 뮤지엄 건축

프랑크푸르트의 「장식미술관」과 아틀란타의 「하이뮤지엄」 이후 진행된 뮤지엄 건축은 다음과 같다.

바르셀로나 「현대미술관(Museum of Contemporary Art)」 (Barcelona, 1987~1995)

이 미술관 건립은 카타루니아(Catalunya) 문화 기관과 바르셀로나 시가 공동으로 재단을 설립하여 시작되었으며, 이 지역 기업인들의 적극적인 재정 지원으로 이루어지게 되었다.

프랑크푸르트의 「장식미술관」이나 아틀란타의 「하이뮤지엄」, 그리고 로스앤젤레스 근교의 「게티센터」의 설계를 통해

백색건축의 절정을
보여주는 다양한 파사드.

축적된 경험을 토대로 비교적 간결하게 표현한 것이 이 건물
이라고 할 수 있다.

　뮤지엄은 바르셀로나 도심에서 유명한 고딕 건축물이 많이
남아 있는 지구(Gothic Quarter) 근처로 오래되고 좁은 라발
(Raval) 지역에 위치하고 있으며, 역사적으로 중세 수도원(Casa
de la Caritat)으로 사용되던 장소에 건립되었다. 건물의 전면
광장 주변에는 고풍스러운 건축물들이 많이 남아 있어 이 뮤
지엄과 강한 대비를 이루고, 뒤쪽에는 학교와 문화시설들이
위치하고 있다.

　건물은 울름의 「슈타트하우스(Stadthaus)」(1986~1993)와 「헤
이그 시청 및 도서관(City Hall and Library)」(1986~1995) 프로
젝트와 동일한 기법으로 배치되었고, 기존 도시의 분위기(urban
context)를 살리기 위해 기존 도로와 산책로를 최대한 배려하
였다. 1층 중앙에는 전면 광장(천사의 광장, plaça dels Angels)과
후면의 조각 공원을 관통하는 골목길을 계획하였다.

또한 파리의 「퐁피두 센터」와 같이 뮤지엄의 전면 광장이 주변 지역의 새로운 활력과 번영을 불러일으키는 마을의 중심지 역할을 하도록 하였다.

이 미술관의 평면은 정사각형과 직사각형을 포함하는 다이아그램 해석방법을 통해 공간을 논리적이고 체

대공간의 경사로와 자연광 유입.

계적으로 전개시켜 각 영역(zone)을 구획하였다. 평면은 정사각형이 반복 사용된 기하학적인 형태로 구성되었고, 2개의 정사각형이 접하여 만들어내는 직사각형은 도시 블록의 직사각형 형태를 반영하는 것이다.

공간 구성은 자연광의 흐름에 초점을 맞추어 이루어졌으며, 1층에서는 전시동과 지원 시설[20]로 잠시 구분되도록 구성되어있는데, 2, 3층에서는 서로 연결되어 있다. 진입부 프리존(free zone)은 원통형 유리로 둘러싸인 로비로 관람객의 대기실 역할을 하고, 이 진입부를 통과하면 3개 층이 오픈된 대공간이 나타난다. 이 대공간에 설치된 3개 층이 개방된 유리 커튼월은 전면 광장을 향하기 때문에, 외부 광장과 내부 공간을 유기적으로 연결시킨다. 또한 실내로 많은 자연광을 유입시키는 역할을 하며, 커튼월과 인접하여 설치된 실내 경사로는 관람

자연광이 충만한 3층 전시공간.

객을 수직으로 이동하게 할 뿐 아니라, 전면 광장과 실내 공간을 볼 수 있는 다양한 시각적 체험을 제공한다.

대공간과 접해 있는 전시공간은 3개 층으로 수직분리되었는데, 1층은 기획전시실이고, 2, 3층은 상설전시실로 2층과 3층이 일부 오픈되어, 3층 천창을 통해 유입되는 자연광이 2층까지 도달하도록 배려되었다.

외부 조형은 역시 백색건축으로 주변의 역사 문화유산과 조화를 이루고 있으며, 특히 전면광장 측의 조형은 기하학적 요소가 가미된 매우 다양한 변화를 보여주고 있다. 다른 프로젝트에서 사용되었던 정사각형, 직사각형, 원형, 자유곡선, 유리면 등 다양한 조형적인 언어나 기법을 반복 사용하여 서로 조화를 이루게 하였으며, 주변의 고(古)건축물과 새로운 뮤지엄 건축 간의 대화를 만들어내고 있다. 진입부를 상징하는 포디엄이나 경직된 입면을 부드럽게 하는 굽이치는 곡면 타워 등은 마이어의 작품에 나타나는 공통된 특성 중의 하나이지만

한편으로는 인도의 펀잡(Punjab) 주청사와 같은 느낌을 주어 역시 르 꼬르뷔제의 영향을 생각나게 한다.

이 작품에서 보여준 건축이념은 무엇보다도 자연광의 유입을 위한 건물의 개방성이고, 컨텍스트에 대한 이해를 토대로 옛것과 새것, 그리고 역사와 혁신 사이의 탁월한 중재역할 등을 들 수 있다.

「TV/라디오 뮤지엄(The Museum of Television & Radio)」
(Los Angeles, 1994~1996)

1975년 패일리(William S. Paley)가 설립한 이 「TV/라디오 뮤지엄」은 비영리단체로서, 다른 뮤지엄들과는 달리 텔레비전과 라디오의 프로그램들을 수집, 보관, 방영, 방송하고, 일반인들이 사용할 수 있도록 프로그램들을 대여 또는 판매하며, 해마다 화제가 되었던 프로그램을 중심으로 전시 또는 세미나를 개최하기도 한다. 1976년부터 예술, 문화, 역사 분야

거리에서 본 밝은 파사드.

73

등과 관련된 프로그램을 수집하기 시작하여 현재는 뉴스, 드라마, 공익 프로그램, 다큐멘터리, 예술, 아동 프로그램, 스포츠, 코미디, 광고 등 다방면의 프로그램 100,000여 편 이상을 소장하고 있다. 1991년 9월 뉴욕 「맨하탄 박물관」(필립 존슨 설계)을 시작으로 1996년 3월에는 베벌리 힐즈에 리차드 마이어가 설계한 이 뮤지엄이 개관됨으로써 박물관 소장품을 서부 사회와 공유할 수 있는 계기를 마련하였다.

이 건물의 대지는 건축적으로는 두드러지지 않지만 중규모로 형성된 상업지역 내의 베벌리 힐즈, 노스 베벌리 도로(N. Beverly Dr.)와 리틀 산타 모니카 대로(Little Santa Monica Blvd.)의 교차로 남서쪽 코너로, 이 건물은 랜드마크적인 성격을 지니고 있다. 마이어는 기존 은행 건물의 구조를 그대로 사용하면서, 사무 공간으로 개조된 인근 건물과 이 건물을 연결시킴으로써 적은 예산으로 이 프로젝트를 실현시켰다. 도로에 면해 있는 두 방향의 파사드를 투명하게 처리하여 개방감뿐만 아니라 내·외부 공간 사이의 시각적 연계성을 강조하였다.

이 뮤지엄은 바르셀로나 「현대미술관」에서와 마찬가지로 세 개의 정사각형이 반복 사용된 기하학적인 형태에 원형을 가미하는 다이아그램 해석 방법에 의해 평면이 구성되었다. 뮤지엄의 성격과 기능상 다른 뮤지엄과는 달리 전시공간의 비중이 적으며, 대신 원하는 프로그램을 듣고, 볼 수 있는 공간과 시청각 자료실에 대한 비중이 상대적으로 높게 되어 있다. 따라서 공간의 기능에 따라 층별로 공간을 구획하였다.

천창이 있는 원형 로비는 이 건물의 중심핵으로 지상층의 갤러리 공간, 150석 규모의 극장, 라디오 청취실, 스튜디오, 다목적 교육실, 뮤지엄샵 등과 직접 연결된다.

방문객은 로비에서 전시 영역을 관통하는 계단식 경사로를 통하여 2층으로 연결되는데, 도서관과 비디오 보관실로 가기 전 뒤쪽으로 지상층을 내려다 볼 수 있다. 3층에는 지붕 테라스로 개방된 중역회의실과 사무실 등이 위치하고, 이곳은 원형 로비를 구성하는 중요한 조형적 요소 중 하나인 곡선 계단으로 연결되어 있다. 그 외에도 르 꼬르뷔제가 주로 사용하였던 건축 언어 중 하나인 옥상 정원을 두어 연회나 야외 이벤트 장소로 활용하고 있다.

또한 밝은 색조의 자연석과 흰색 금속 패널, 그리고 투명한 유리로 처리된 건물 외벽은 뮤지엄 내부와 거리 사이의 조화로운 관계를 창출하고 있다. 경사로가 만들어 내는 사선 형태의 과감한 노출은 경사진 도로와 연관성을 가진다. 이러한 노출은 뉴 하모니(New Harmony)의 「아테네움(Atheneum)」(1979) 프

자연광이 유입되는 내부 경사로와 전시벽.

로젝트에서 미리 시험된 바 있다. 이러한 경사로는 마이어가 즐겨 사용하는 수직 동선의 해결 방안으로, 바르셀로나 「현대미술관」에서와 같이 외벽 유리면에 면해 전진 배치되어 있다. 따라서 관람객들은 램프를 통해 외부의 도로와 내부 전시공간을 교대로 산책하며 이동이 가능하도록 계획되었다.

마이어는 건물 내부로 가급적 많은 빛을 유입시킴으로써 방문객을 환영하는 밝은 이미지를 연출하였고, 이러한 이미지는 실내의 밝은색 자연석과 흰색 벽 마감으로 더욱 두드러진다. 그리고 직사각형, 원형, 정사각형 등 다양한 형태의 천창은 건물의 조형미를 더해 준다. 건물 정면의 유리면 파사드에 고안된 차양 시스템은 건물의 수평적 요소를 강조하며 내부로 유입되는 자연광을 여과시켜 준다. 자연석 마감의 구조 벽면 위로 시간에 따라 펼쳐지는 그림자 이동은 방문객들에게 4차원의 시공간 개념을 제공한다.

새로운 아크로폴리스를 시도한 게티센터

'21세기 문화의 아크로폴리스(Acropolis)'라고 할 「게티센터」가 로스앤젤레스 도심에서 서측으로 멀리 떨어진 브렌우드(Brenwood) 언덕 위에 프로젝트 개시 14년 만에 개관되었다. 이로 인해 로스앤젤레스는 더 이상 디즈니랜드나 헐리우드, 그리고 로데오 거리의 이미지가 아니라 아크로폴리스 언덕 위의 파르테논(Parthenon) 신전의 이미지를 가지게 되었다. 「게티센터」라는 새로운 문화성(文化城)으로 인해 새로운 도시 이미지가 구축되었으며, 로스앤젤레스는 기념비적인 건축순례지로 발돋움하게 되었다.

「게티센터」는 1974년과 1976년 석유재벌인 폴 게티(J. Paul Getty, 1893~1976)가 수집한 컬렉션과 막대한 기금을 바탕으

아크로폴리스 언덕에 세워진 파르테논 신전처럼 새로운 복합문화단지가
로스앤젤레스의 이미지를 바꾸고 있다.

로 시작되었다. 1983년 존 월시(John Walsh) 관장은 새로운 복
합문화단지(museum complex) 건립을 위한 구체적인 계획과 기
구 조직을 확대 개편하였다.

당시 로스앤젤레스를 중심으로 예술세계를 고양시키기 위한
지역사회의 문화적 요구들이 팽배해 있었고, 예술관련 연구를
장려하고 있었으며, 지역 문화에 공헌할 복합 단지(complex)의
출현을 기대하고 있었다. 이러한 사회적 분위기에 의해서 이
프로젝트는 가능했다.

1984년 말 게티 이사회는 1년에 걸친 심사 끝에 리차드 마
이어를 포함한 제임스 스털링(James Stirling, 1926~1992), 후미
히꼬 마끼(Fumihiko Maki, 1928~) 등 3명의 현대건축 선두주
자들 중 마이어를 최종 설계자로 선정하였다. 우수한 제안서
와 더불어 그 동안 일관성 있게 백색건축을 발전시켜 얻은 높
은 인지도와 건축가의 지속적인 가능성이 고려되어 그가 선정

브렌우드 언덕 위에 자리한 새로운 아크로폴리스와 같은 복합문화단지의 원경.

된 것으로 볼 수 있다.

　건축가로서 마이어는 이 프로젝트를 통하여 지난 60년대부터 일관해 온 작업 개념에서 벗어나 새롭게 변신하겠다고 선언할 정도로 행운의 기회를 만나게 된 것이다. 그러나 고전적 모더니즘을 선호하고 있는 건축가 마이어는 전통적인 유럽풍의 분위기를 원하는 월시 관장과의 많은 갈등을 해소하며 일을 진행해야 하는 어려움을 겪기도 하였다. 따라서 건물의 외관은 고전적 모더니즘에 기반을 둔 현대 건축의 이미지이고, 대조적으로 내부 전시공간은 건축주와 관장의 취향에 따라 복고풍의 여러 개의 방을 겹친 구성으로 이루어졌다.

　1997년 12월에 개관된 「게티센터」는 프랭크 게리가 설계한 스페인 빌바오의 「구겐하임 미술관」이 개관한 지 꼭 2개월 후에 개관했고, 20세기를 대표하는 두 작품은 오랜 세월을 두고 비교 대상이 될 것이다. 외형적으로 「구겐하임 미술관」이

자유분방한 조형미를 표방한 것에 비해 「게티센터」는 우아하고 고전적 모더니즘에 기반을 두고 있으며, 르 꼬르뷔제의 영향으로 태양 광선의 반사에 의해 뚜렷한 형태가 강조되는 지중해의 전통을 표현하고 있다.

「게티센터」가 위치한 브렌우드 언덕은 멀리 태평양과 광활한 평야, 산타 모니카, 그리고 로스앤젤레스 다운타운이 내려다보이는 곳으로 많은 사람들이 예술품을 감상하며 주변 환경을 즐길 수 있는 천혜의 조건을 고루 갖추고 있다. 건축비평가인 밴햄(Reyner Banham)은 그 장소에 대해 "로마의 황제들이 카프리(Capri) 섬에 그들의 별장을 건축한 이래로 이와 같은 아름다운 장소는 다시 확보하기 어려울 것이다"라고 말할 정도이다. 따라서 이 땅의 소유자인 폴 게티 재단은 그러한 로마의 선례를 실현하고자 이 사업을 기획하기 시작하였다.

지형이 산이기 때문에 샌디에이고 고속도로 변에 대규모 주차장(승용차 1,200대, 버스 12대 수용)을 계획하였으며, 유일한 특수 운반수단인 트램(tram)을 이용하여 5분 정도 가면, 전

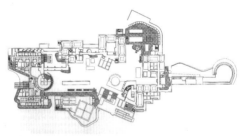

중정을 중심으로 6개의 건물이 분동형으로 배치되어 하나의 뮤지엄을 이룬다.

체 단지에 도달하게 된다.

건축가의 의도는 수많은 방문객이 즐겁게 보낼 수 있는 정교하고도 세련된 복합문화단지를 조성하려는 것으로, 마이어는 도시의 소음과 교통으로부터 해방된 방문객들에게 아름다운 자연경관을 제공해 주고 조용하고 여유 있는 미술관 환경을 조성해 주고자 하였다.

약 3만 평의 대지 위에 6개의 기능을 가진 건축들이 작가 특유의 정방형 기하학을 통한 다이어그램과 같은 일률적인 규범에 의해 구성되었는데, 6개의 기능이란 뮤지엄뿐 아니라 정보연구, 미술품의 복원 및 보존과학연구소, 예술교육센터, 게티 장학금 프로그램, 미술사와 인문과학연구센터를 포함하고 있어서 이 방면에 종사하는 전문인이나 일반 방문객에게 유용한 명소로 발돋움하게 되었다.

6개의 기능적 구성요소를 하나의 일관성 있는 통합체로 엮

대공간 역할을
하는 중정.

81

는 동시에 각각이 지닌 개별적 특성을 살리기 위하여 그는 축의 개념을 적극적으로 도입하였다. 건물들은 지세에 따라 여러 개의 축 방향으로 분산 배치시켜 마치 대학의 캠퍼스와 같은 느낌이 든다. 언덕 위의 진입 플라자와 어윈(Robert Irwin)이 설계한 중앙정원(Central Garden)을 잇는 2개의 중앙축이 22.5°로 교차하고 있고, 이 축들은 로스앤젤레스 도로망을 빠져 나와 북쪽으로 휘어지는 샌디에이고 고속도로의 굴곡과 로스앤젤레스 도심지의 그리드 패턴과 일치한다. 또한 이 축을 중심으로 그 좌우에 6개의 기능을 가진 건물들이 지세에 따라 분산 배치되었으며, 6개의 기능 중 미술관동은 중정을 중심으로 또 다시 6개의 분동으로 조합되었고, 각 동은 서로 유기적으로 연결되어 하나의 거대한 단지를 이루고 있다.

방문객을 환영하는 이미지를 연출하기 위한 원형의 진입동은 넓고, 자연채광의 적극적 유입으로 인해 밝으며, 이와 어우러지는 계단과 유리면, 막힘과 트임의 건축 언어를 통해 상징적인 공간으로 부각시켰다. 진입동은 방문객을 위한 편의시설과 교육시설(오리엔테이션용 극장, 코트보관소, 서점, 강의실, 스튜디오, 지원시설 등)로 구성되며, 미술관 중정과 연계시켜 이벤트 장소로도 겸용할 수 있는 공간을 계획하였다.

진입동을 통하여 중정에 들어서면 각 전시동은 시대별로 동서남북 4개동으로 나누어져 있고, 기획 전시동이 별동으로 독립되어 있다.

미술관 건물군의 중심을 이루는 중정은 단순히 상징적 공

진입동 내부.

간의 역할뿐 아니라 야외 공연 및 다수 관객의 집합 분산이 가능하도록 조절해 주는 복합적인 기능을 가지며, 대지 내에 물과 돌과 나무라는 자연적 요소를 반복 사용함으로써 멀리 내려다보이는 태평양과 구릉의 이미지를 상징적으로 표현하며 편안한 휴식공간을 제공하고 있다.

각 전시동은 독립된 건물이지만 전체적인 연계 속에 중정과 주변자연을 접하면서 연결통로나 테라스로 연결되기도 하고, 각기 독립적으로 출입구와 대공간을 가지고 있어 안내센터를 겸한 지원시설을 분산배치시킴으로써 관람객들에게 편리를 제공한다. 또한 각 동마다 아트리움을 중심으로 개별 전시실들이 고전풍으로 연속되어 있다.

각 전시동의 전시 내용은 연대기 순으로 구분되며, 각 동마다 별도로 기획전시실과 안내센터(Art Information Center)가 구비되어 그 시대의 내용을 바로 알 수 있어 교육적인 면에서 다른 뮤지엄에 비해 특이하다.

상층부에는 200-300lux를 이하를 유지해야 하는 유화작품들을 주로 전시하고, 빛의 유입이 상대적으로 적은 하층부에는 조각품들과 최대 50lux 이하를 유지해야 하는 장식미술품, 필사본, 드로잉, 사진 등이 전시되고 있다. 전시공간 내부는 복고풍으로 여러 개의 공간들이 연속된 구성으로 되어 있다. 바닥 마감은 목재이고, 벽은 목재 프레임을 돌린 후 회반죽이나 천(실크, 울 등)으로 마감되어 고전적인 분위기를 구축하였다.

　그 시대의 분위기를 연출하기 위해 과거 귀족들의 저택을 재현하여 그 공간 내에 전시하는 수법도 볼 수 있으며, 상층부 전시실은 천창을 통하여 하층부의 전시실은 벽면을 통하여 적극적으로 자연광을 유입시켜 쾌적한 전시분위기를 연출하였는데, 이와 같은 자연광의 적극적인 도입은 최근에 지어지는 미술관 건축물의 두드러진 특징 중 하나로 첨단 기술을 이용한 채광 형식이나 형태의 변화로 관람객에게 다양한 전시 환경을 제공하며 극적인 분위기를 자아낸다. 천창의 디자인은 존 손경이 설계한 런던의 「덜위치 갤러리(Dulwich Picture Gallery)」에 적용되었던 안을 모체로 하여, 수정, 적용하였고, 그의 바르셀로나 「현대미술관」에서도 적용된 바 있는 기획전시실의 작동 가능한 루버는 색유리와 더불어 자연광의 유입량을 적절하게 조절해 준다.

　「게티센터」는 전체적으로 우아한 고전적 모더니즘에 기반을 둔 복합문화단지로서 건물의 상층부와 곡면에는 백색모듈의 범랑 알루미늄 패널(Enameled Aluminium Panel)을 사용하였고, 이와 구분하기 위해 담황색의 거친 티보리산 트래버틴(Travertine) 대리석을 사용함으로써 고전미를 부각시켰다. 또한 모든 건물의 옹벽21)과 기단22)재료로서 거칠게 마감된 트래버틴을 사용하여 영속성을 부여하였다.

마이어는 이 거대한 프로젝트를 통하여 파란 하늘과 멀리 태평양을 배경으로 백색건축 절정의 작품을 창조하였다. 또한 그는 이 프로젝트에 그가 지금까지 추구해 온 모든 건축적 원리들을 완숙시켰고, 또 다시 신망 받는 세계적인 건축가임을 재확인시켜주고 있다.

백색건축의 찬미자

리차드 마이어는 소문 없이 자신의 건축언어를 일관성 있게 유지, 발전 시켜왔는데, '모더니즘의 시학, 테크놀러지의 아름다움과 실용성'이 바로 그것이다. 그에 따르면, 건축은 "하나의 전통이며 기나긴 연속체로, 전통과 단절하든지 아니면 이를 강화하든지, 우리는 여전히 전통과 연결되어 있다"는 것이다. 자신의 작업은 "그렇게 하지 않으면 존재하지 않을지도 모르는 질서를 찾아내고 다시 정의하고, 어떤 용도나 의미를 부여하기 위한 시도"라고 그는 분명히 말한다.

초기에는 르 꼬르뷔제의 작품사상과 동일하다고 볼 수 있었으나 점차 여러 개의 프로젝트를 통하여 자신의 디자인 원리를 확고히 표현하고 있음을 알 수 있다. 특히 지속적으로 백색건축을 발전시켜온 탓에 「게티센터」와 같은 거대한 프로젝트를 수주할 수 있는 행운을 맞이하게 되었다.

마이어의 주거건축 작품에 나타난 건축적 특성은,

- 도로에서의 진입축과 건축이 이루는 축이 대부분 상이하다.
- 초기 주택은 대부분 목구조에, 그리드 시스템에 의한 철재 기둥들이 같은 간격으로 배치되었고, 공간의 자유로움을 구사하였다.
- 공적 공간과 사적 공간이 확연히 구분되었고, 공적 공간은 전망이 좋은 쪽에 위치하며 상하층이 개방되었다. 사적 공간은 뒤쪽에 위치하되 아침 햇빛이 유입되도록 고려되었다.
- 경사로를 평면 중심에 위치시켜 사람의 움직임을 집안 전체가 느끼도록 하였는데, 이러한 수법은 공공 건축이나 뮤지엄 건축 디자인의 주요 요소로 발전된다.
- 일부에 필로티(pilotis)를 도입하고 곡면을 사용하였으며, 이러한 요소들은 다른 기능의 건축에서는 필수적으로 표현되고 있다.
- 표피(skin)는 백색으로 처리되어 자연 환경과 의도적으로 대비를 시켰다.

또한 공공건축이나 뮤지엄 건축 작품에 나타난 건축적 특성은,

- 대부분 주거 건축에서 나타난 특성들이 발전되었기 때문에 일관된 작품 특성을 볼 수 있다. 즉, 자연 조건이나 주변 환경에 의한 여러 가지의 축을 통하여 계획되었으며, 매우 논리적이다.
- 구성은 정방형 그리드 시스템에 의한 평면 구성이 대부분이며, 평면 일부에 곡면을 사용하여 그 건물의 특성과 변화를 나타낸다.
- 메이저 스페이스에는 상하층이 개방되고, 천창으로부터 자연광이 유입되며, 경사로를 설치하여 상하 이동을 하며 내·외부공간을 다양하게 체험토록 하고 있다.
- 건물 일부에는 반드시 필로티를 두었고, 진입부에는 포디엄과 같은 상징적 벽을 공통적으로 사용하여 인지도를 높여준다.

그의 독자적 접근 방법은 초기 주택에서부터 공공 건축이나 뮤지엄 건축에서 일관되게 나타나며, 그의 작품이 선명한 것은 그의 건축 이념인 논리적 사고가 정연하기 때문이다. 따라서 그의 작품은 언제나 신선하지만 그와 반대로는 지루하게 느껴질 수도 있을 것이다. 그러나 공간에 대한 그의 관심은 추상적이고 막연한 공간이 아니라 분명하고 적절한 부피를 가진 공간이어서 쾌적함을 느낀다.

그는 자신의 건축 미학을 빛의 도입으로 묘사하고 있다. 거기에 순백의 형태로 자유로운 공간을 연출하고 있으며, 건축

문화와 연관된 질서 있는 공간을 만들어 내기 때문에 독자성을 가진다. 그가 사용하고 있는 자료(source)들은 건축사에 의존하고 있는데 그가 이처럼 건축사를 중요시하는 이유는 건축에 있어서의 불변성, 연속성, 우수성을 소중히 여기기 때문이다.

결론적으로 리차드 마이어는 백색건축의 찬미자라 할 수 있다. 그가 주장하는 백색건축에 대해 1984년 프리츠커 건축상 수상 소감에서 다음과 같이 밝히고 있다.

마이어는 그의 자녀들과의 대화를 인용하면서 "너희들은 무슨 색을 제일 좋아하니?"라는 질문에 4년 9개월 된 아들 죠셉(Joseph)은 '초록색'이라고 대답하면서 "초록은 잔디 색깔이며, 나무색이에요 우리 주변 어디에서나 초록을 볼 수 있어요 또한 초록은 봄과 지폐의 색이기도 하지요"라고 설명하였다. 또 3살짜리 딸 애나(Ana)는 '파란색'을 좋아한다면서 "하늘은 파란색이며, 풀장과 연못 그리고 호수도 파란색이죠."라고 설명하였다. 이어서 그 아이들은 아버지인 마이어에게 "아빠, 아빠는 무슨 색을 제일 좋아하세요?"라고 되물었다. 그의 대답은 당연히 '흰색(white)'이라고 했더니 "하지만 흰색은 존재하지 않는다고 아빠가 말씀하셨잖아요?"라고 반문하였다.

흰색은 색이 아니다. 그는 흰색을 '무지개 색에는 없으나, 가장 아름다운 색'이라고 생각하고 있다. 왜냐하면 무지개 색에 있는 색은 볼 수 있으나 흰색은 볼 수 없기 때문이다. 실제로 흰색은 빛의 투영과 여러 가지 색이 가지고 있는 강렬한 시각작용에 의해 일어나는 색깔이 아니라 항상 자연스럽게 변화하는 색이다. 흰색은 결코 흰색이 아니며, 하늘과 구름, 태양과 달과 같이 거의 항상 빛에 의해 전달되고 변화된다고 믿고 있다.

관례적으로 흰색은 항상 완전한 순결의 상징으로 존재한다. 왜냐하면 다른 색과 달리 흰색은 절대성을 보유하고 있기 때문이다.

그는 건축의 형태와 표피, 빛에 의한 공간 연출, 규모의 변화와 운동과 정지를 이용하여 작업을 진행해 왔다. 이러한 관점에서 순백은 명백한 형태를 지니고 있으며, 날카로운 통찰력과 강한 힘의 수단으로 사용되고 있다.

그는 백색을 통하여 조화로운 공간과 실험으로 명확성을 추구하였고, 밝고, 생기 있고, 독창적이며, 개성 있는 작품들을 만들어 왔다. 앞으로도 그는 끊임없는 정열로 일관성 있는 작업을 계속할 것이며, 그가 이룩한 업적은 그를 '근대주의 최후의 건축가'라고 명명하기에 부족함이 없을 것이다.

주

1) 뉴욕 파이브(New York 5) 멤버는 마이어를 비롯하여 Peter Eisenman, Michael Graves, Charles Gwathmay, John Hejduck로 진보적인 뉴욕의 건축가 그룹이다.

2) 문, 창문 등과 같이 벽이 뚫린 부분.

3) 1871에 개설된 코넬(Cornell) 대학은 뉴욕 주 이타카(Ithaca)에 소재하며, 1922년 미국 최초로 5년제 건축교육을 시작한 대학이다.

4) 겹집의 반대개념으로 한 채만으로 이루어진 구조가 간단한 집.

5) 뮤지엄 건축의 공간 구성상 중심이 되는 공간이자 상징적인 공간으로, 다른 공간으로의 동선 유도와 휴식 공간 및 만남의 장소, 전시공간의 전이 역할을 담당하는 공간.

6) 프리츠커 건축상은 세계의 건축상 중 가장 권위 있는 건축디자인 분야의 노벨상으로 미국의 하얏트(Hyatt) 호텔 재단이 1979년에 제정하였으며, 상금은 10만 달러이다.

7) 기둥을 지상 2-3m까지 연장 노출시키고 그 위에 세운 건물의 하부. 건축가 르 꼬르뷔제가 창안한 수법으로 그 부분은 자유통행 광장으로도 쓰임.

8) 한 쪽은 고정단과 다른 한쪽은 자유단으로 된 보. 차양도 캔틸레버의 일종.

9) 공간, 기구의 치수를 정함에 있어 인간과 대상 사물관의 종합적이고 면밀한 연관성에서 포착하는 척도방법.

10) 볼륨은 대상의 크기, 물체의 두께 등을 말하는 것으로 실제감, 입체감을 구성하는 것을 의미하며, 스킨은 표피로 건물의 외벽을 마감하고 있는 외장재를 일컬음.

11) Congrès International d'Architecture Moderne(근대건축국제회의, 近代建築國際會議), 근대건축 및 도시계획의 이념을 제시하고 그 실현을 도모함을 목적으로 1928년 발족되었으며, '국가적 계획 위에 정신적, 물질적 희망을 실현하기 위하여 제휴한다'라는 라사라 선언을 기초로 출발.

12) 건축물의 측면에 추녀가 없이 벽이 삼각형으로 용마루 밑까지 만들어진 지붕.

13) 건축을 시대 또는 지역으로 구분하여 그 특징을 나타낸 법식으로 민족, 국민, 나라 등에 따라 형성된 독특한 성격을 표현하는 건축적 요소의 총체를 말함.

14) 15세기 말부터 약 1세기 동안 계속된 영국의 건축양식의 부활을 의미하며, 이 명칭은 헨리 7세에서 엘리자베스 1세까지 영국을 다스린 튜더 왕조에서 유래. 영국 고딕건축의 후기양식 퍼펜디큘러(perpendicular, 수직식)에 이탈리아며 프랑스의 르네상스 건축요소를 더한 과도적 양식으로서 엘리자베스 양식으로 이어짐. 교회건축에서는 스팬(span)의 높이가 비교적 낮고 사심(四心)뾰족탑 아치(튜더 아치)가 특징.

15) 제2차세계대전 이후 약소국에 대한 강대국의 정치적, 경제적, 문화적 헤게모니로서 표현된 건축양식.

16) 1893년 2월 P.T. Barnum에 의해 브리지포트에 개관된 박물관.

17) 스페인의 로사 단테 지역에서 생산되는 화강석으로 베이지, 갈색, 금색의 혼합색으로 구성.

18) 장식적 작업을 위해 로마와 르네상스시대에 많이 사용되었던 회반죽의 한 가지. 소석회에 대리석 분말, 점토분말 등을 혼합하여 만듦.

19) 대리석의 일종으로 다공질이며 황갈색의 반문이 있고 아치(雅致)가 있어 특수한 실내장식재 또는 외장재로 활용.

20) 전시를 지원하기 위한 시설로 사무, 관리부문, 수장부문 등을 포함.

21) Retaining wall. 땅깎기 또는 흙쌓기를 한 비탈면이 흙의 압력으로 붕괴되는 것을 방지할 목적으로 설치하는 벽체 구조물.

22) Base. 건물, 탑, 정자 등의 밑에 지반보다 한 단 높게 쌓아 만든 단.

참고문헌

『건축과 환경』 리차드 마이어 특집, 1997.

『리차드 마이어』 공간, 2001.7.

박광규외 편저, 『세계건축가인명사전』 세진사, 1993.

서상우, 『새로운 뮤지엄 건축』 CA Press 현대건축사, 2002.

_____, 『세계의 박물관. 미술관』 기문당, 1995.

Joseph Rykwert, 1964/1984 *Richard Meier Architect*, Rizzoli, 1984.

Lisa J. Green & Shari Waldstein, *Richard Meier Building & Projects* 1979~1989, Academy Editions, 1990.

Philip Jodidio, *Richard Meier*, Taschen, 1995.

Richard Meier, *Richard Meier Houses*, Rizzoli, New York, USA, 1996.

Richard Meier, 『a+u』

Vittorio Magnago Lampugnani, *Museum Architecture in Frankfurt/* 1980~1990, Prestel, 1990.

http://www.richardmeier.com

리차드 마이어 백색의 건축가

초판발행 2004년 9월 30일 | 2쇄발행 2007년 9월 25일
지은이 이성훈
펴낸이 심만수 | 펴낸곳 (주)살림출판사
출판등록 1989년 11월 1일 제9-210호

주소 413-756 경기도 파주시 교하읍 문발리 파주출판도시 522-2
전화번호 영업·(031)955-1350   기획편집·(031)955-1357
팩스 (031)955-1355
이메일 salleem@chol.com
홈페이지 http://www.sallimbooks.com

ISBN 89-522-0294-5 04080
       89-522-0096-9 04080 (세트)

값 3,300원